AF302821

Dr. Dominik Reither, M.A.

Ein Kriegsgefangenenlager 1939-1945

Stalag VII A Moosburg

Bibliografische Information der Deutschen Nationalbibliothek:
Die Deutsche Nationalbibliothek verzeichnet diese Publikation in der Deutschen Nationalbibliografie; detaillierte bibliografische Daten sind im Internet über dnb.dnb.de abrufbar.

3. Auflage, Okt. 2019 (inhaltlich unveränderter Nachdruck mit ISBN)

ISBN 9783750408340

Verfasser: Dr. Dominik Reither, M.A.
Herausgeber: Stalag Moosburg e.V

Herstellung und Verlag: BoD – Books on Demand, Norderstedt

Fotos: Archiv Karl A. Bauer
                              Stadtarchiv Moosburg

Finanzierung: Stadt Moosburg a.d. Isar
Konzeption und Gestaltung: www.zumgutenton.net

Inhaltsverzeichnis

Grußworte

Grußwort von
Frau Anita Meinelt

Der April 1945 bedeutete für Moosburg nicht nur Kriegsende, sondern auch die Befreiung des Kriegsgefangenenlagers Stalag VII A. Das Lager ist ein wesentlicher Teil der Stadtgeschichte, der bisher kaum im Zentrum des öffentlichen Interesses stand. Zeit, sich mit diesem Thema zu beschäftigen, denn nach Jahrzehnten der Verdrängung nimmt die heutige Generation ihre Geschichte unbefangen und neugierig wahr. Aus damaligen Gegnern sind Partner und Freunde geworden. Integration ist ein aktuelles politisches und gesellschaftliches Thema. Das Verstehen der Geschichte kann helfen, uns der Zerbrechlichkeit dieser Beziehungen bewusst zu werden.

Unsere Geschichte ist Teil der Identität unserer Stadt, die uns von anderen Städten unterscheidet. Wir erfahren damit überregionales und internationales Interesse. Ich sehe es daher als eine Aufgabe der Stadt, Forschung und Dokumentation über Stalag VII A zu unterstützen. Mein besonderer Dank gilt Herrn Dr. Dominik Reither, der uns mit seiner Arbeit einen wertvollen Betrag dazu bietet.

Anita Meinelt
Erste Bürgermeisterin der Stadt Moosburg a. d. Isar

Grußwort von
Herrn Herbert Franz

Sich an die Vergangenheit zu erinnern, ist eine Sache. Die Vergangenheit historisch aufzuarbeiten und sie kennen zu lernen, ist eine andere Sache. Im Laufe der letzten Jahrzehnte haben sich viele Personen in Moosburg ehrenamtlich engagiert, um Informationen zu diesem Abschnitt der Moosburger Geschichte zu sammeln und zu archivieren. Ihnen gehört unser Dank für ihr Engagement. Viele Gegenstände, Schriftstücke, Berichte, Fotografien, Zeitungsberichte, Zeitzeugenaussagen, auch diverse Kunstwerke gibt es aus der Zeit, gesammelt in privatem Besitz, dem Heimatmuseum, auf Internetseiten, im Stadtarchiv. Vieles ist subjektiv berichtet, es sind einzelne Mosaiksteine, die erst zusammengefügt ein Bild ergeben. Der Verein Stalag Moosburg e.V. hat es sich unter anderem zur Aufgabe gemacht, diese Informationen zusammenzuführen und so leichter zugänglich zu machen.

Ein wesentlicher Schritt dazu sind nun die Recherchen von Herrn Dr. Dominik Reither. Erstmals nach 70 Jahren existiert nun eine wissenschaftlich fundierte Darstellung, die als anerkannte Basis für weitere Recherchen und Forschungen dienen kann.

Herrn Dr. Dominik Reither danke ich für seine engagierte ehrenamtliche fachliche Arbeit. Ich wünsche dieser Broschüre viel Interesse und Beachtung.

Herbert Franz
1. Vorsitzender Stalag Moosburg e.V.

Vorwort

Ein Vorwort ist die Stelle, all denen zu danken, die zur Entstehung dieser Broschüre beigetragen haben: dem Verein Stalag Moosburg e.V. mit Herbert Franz, der das Interesse an der Geschichte von Stalag VII A geweckt und Günther Strehle, der die Koordination von Layout und Finanzierung im Rahmen des Projektes „70 Jahre Befreiung" übernommen hat; Karl A. Bauer, der die Bilder aus seinem umfangreichen online-Archiv zur Verfügung gestellt hat; den Mitarbeitern und Mitarbeiterinnen der Universitätsbibliothek Regensburg, der Stadtbibliothek Moosburg, des Staatsarchivs München und vor allem des Stadtarchivs Moosburg, für die vielfältige Unterstützung bei der Recherche. Bedanken möchte ich mich aber auch bei meiner Frau, Christine Metterlein-Reither, die die einzelnen Kapitel kritisch begleitet und akribisch Korrektur gelesen hat. Ein besonderer Dank gilt der Stadt Moosburg für die Übernahme der Herstellungskosten.

Moosburg im April 2015, Dr. Dominik Reither, MA

Einleitung

70 Jahre nach Kriegsende und Zusammenbruch des Dritten Reiches gehört die Zeit des Nationalsozialismus zu den am besten erforschten Abschnitten der deutschen Geschichte. Doch auch hier gibt es Bereiche, mit denen sich die Historiker bisher wenig beschäftigt haben. Das Kriegsgefangenenwesen der Deutschen Wehrmacht und das Leben der Kriegsgefangenen in den Lagern gehören dazu. Dies liegt nicht zuletzt daran, dass die Quellenlage äußerst dünn ist. Umfangreiche Aktenbestände der Wehrmacht wurden bei Kriegsende vernichtet oder sind untergegangen. Von vielen Lagern sind zum Beispiel nicht einmal die Namen aller Kommandanten bekannt. Für das Mannschaftsstammlager (Stalag) VII A Moosburg ist die Quellenlage dagegen vergleichsweise gut. Neben Akten militärischer Dienststellen haben sich auch im Stadtarchiv Moosburg größere Bestände zu vielen Bereichen des Kriegsgefangenenwesens erhalten.

Die vorliegende Broschüre beschäftigt sich mit verschiedenen Fragestellungen im Zusammenhang mit Stalag VII A wie Bau und Befreiung des Lagers, Versorgung der Gefangenen, Arbeitseinsatz und Freizeit oder Kontakt der Gefangenen zur Bevölkerung. Die einzelnen Kapitel erheben keinen Anspruch auf Vollständigkeit. Nicht alle Aspekte können angesprochen, manche Bereiche nur im Überblick behandelt werden. Weder das Material der verschiedenen Archive noch die Sekundärliteratur konnten bisher in Gänze ausgewertet und berücksichtigt werden.

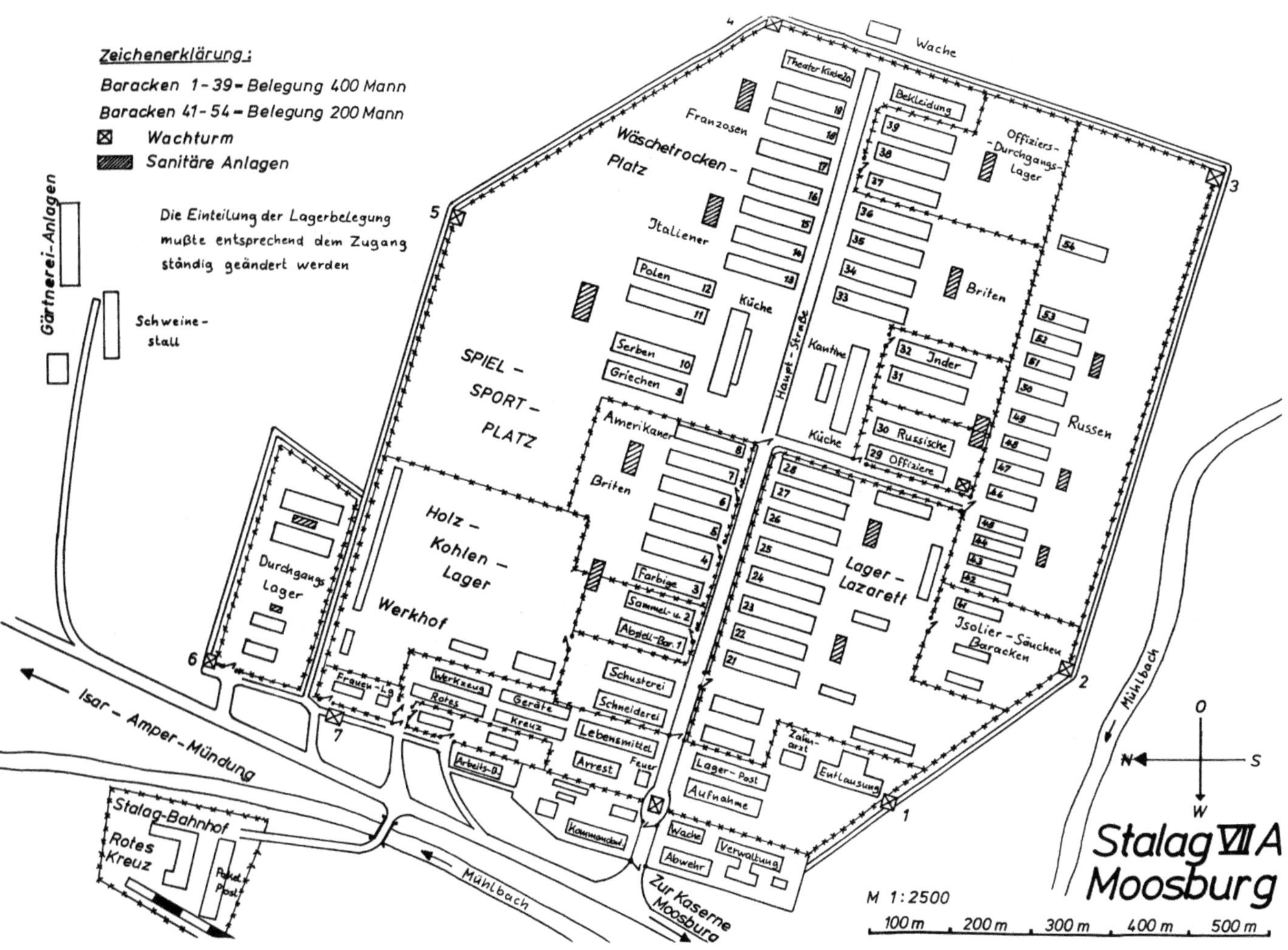

Plan des Lagers

„Aber in 14 Tagen hat hier ein Lager für 10.000 Kriegsgefangene zu stehen", so wird Oberst Nepf, der erste Kommandant des Moosburger Kriegsgefangenenlagers, in der Mitschrift eines von ihm im Januar 1941 gehaltenen Vortrags zitiert.[1]

Warum wurde Moosburg als Standort eines Gefangenenlagers gewählt und warum war der Bau so eilig?

Viele Akten der beteiligten Dienststellen sind verloren, dennoch lassen sich die Ereignisse relativ gut rekonstruieren.

Entscheidungsträger und Strukturen

Vereinfacht dargestellt waren die Entscheidungsstrukturen im Herbst 1939 folgendermaßen aufgebaut: Oberste Instanz im Hinblick auf die Kriegsgefangenen war das Oberkommando der Wehrmacht (OKW). Dort wurden die grundlegenden Entscheidungen getroffen. Auf mittlerer Ebene waren die Wehrkreiskommandos (auch als Stellvertretende Generalkommandos bezeichnet) für die Regelung der Detailfragen des sogenannten Kriegsgefangenenwesens und die Organisation der Lager in ihrem Bereich zuständig. Die Wehrkreiskommandos waren die zentralen Kommandodienststellen der Wehrmacht auf der Ebene der Wehrkreise. Das gesamte Reichsgebiet war in solche Wehrkreise unterteilt. Moosburg lag im Wehrkreis VII (München), der die Südhälfte Bayerns von den Alpen bis zur Donau umfasste (Nordbayern bildete den Wehrkreis XIII).[2]

Die einzelnen Lager wurden nach den Wehrkreisen mit römischen Ziffern nummeriert und dann die Lager innerhalb eines Wehrkreises mit Buchstaben nach dem Alphabet bezeichnet und zwar in der Reihenfolge der Aufstellung. Im Wehrkreis VII gab es zwei Kriegsgefangenenlager, Stalag VII A Moosburg und Stalag VII B Memmingen. Das Kürzel „Stalag" steht dabei für „Mannschaftsstammlager" für Unteroffiziere und Mannschaften. Im Bereich des Wehrkreis VII befanden sich auch mehrere Oflags (Offizierslager), unter anderem in Murnau.[3]

Grundsätze für die Standortwahl eines Gefangenenlagers

Zunächst waren in den Mobilmachungsbefehlen der Wehrmacht im Herbst 1939 die nördlichen und östlichen Wehrkreise, überwiegend in den Agrargebieten des Reiches wie Ostpreußen oder Brandenburg, für die Aufnahme von polnischen Gefangenen vorgesehen. Hintergrund war, dass man beim OKW die Gefangenen für Arbeiten in der Landwirtschaft einsetzen wollte, um den Ausfall deutscher Arbeitskräfte durch die Einberufungen zur Wehrmacht auszugleichen. Wahrscheinlich weil die Zahl der gefangenen polnischen Soldaten deutlich größer war als erwartet, ließ das OKW ab September 1939 auch in anderen Wehrkreisen Gefangenenlager errichten. Mitte September 1939 forderte daher das OKW das Wehrkreiskommando VII auf, in der Gegend von Landshut einen Standort für den Bau eines Gefangenenlagers zu bestimmen. Die genaue Festlegung blieb dem Wehrkreiskommando überlassen. Ein Grund für die Standortwahl „bei Landshut" könnte sein, dass diese Region relativ zentral im Wehrkreis liegt und nahe an einer Hauptbahnlinie. Die Gefangenen konnten also leicht mittels Bahn zum Lager und von dort zu Arbeitseinsätzen im gesamten Wehrkreis gebracht werden, vor allem in die Agrargebiete Niederbayerns.[4]

Warum aber gerade Moosburg ausgewählt wurde, ergibt sich bis zu einem gewissen Grad aus der Heeresdienstvorschrift 38/12 „Dienstanweisung über Raumbedarf, Bau und Einrichtung eines Kriegsgefangenenlagers". Danach galt bei der Wahl eines Standorts die Versorgung mit Wasser als oberstes Kriterium. Weitere Gesichtspunkte waren eine abseitige, aber dennoch verkehrsgünstige Lage, die Versorgung mit elektrischem Strom sowie eine hygienisch unbedenkliche Entsorgung des Abwassers. Es sollte sich um regelmäßig begrenzte, übersichtliche und geschützte, aber landwirtschaftlich minderwertige Grundstücke handeln.[5]

Oberst Nepf war zwar vom Standort Moosburg nicht begeistert. Seiner Ansicht nach war „landschaftlich und hygienisch [...] die Platzwahl zur Errichtung eines Lagers kaum zu befürworten, man hatte aber `triftige andere Gründe`".[6] Diese nennt er jedoch nicht. Die negative

Einschätzung des Lagerkommandanten könnte auch den Hintergrund haben, dass er seine Leistung und die seiner Leute herausstellen wollte, nämlich den Bau eines großen Lagers in kurzer Zeit trotz zahlreicher widriger Umstände – der oben zitierte Bericht ist in entsprechendem Tonfall gehalten. Der Standort erfüllte jedoch, trotz der negativen Einschätzung von Oberst Nepf, die meisten Vorgaben der Heeresdienstvorschrift 38/12. Be- und Entwässerung

konnten in Moosburg sichergestellt werden. Das Gelände lag in unmittelbarer Nähe zu einer zentralen Bahnlinie, aber dennoch relativ weit weg von größeren öffentlichen Straßen. Außerdem war es über Flüsse, Wälder und Auenlandschaft abgeschieden, zudem befand sich das Gebiet des zukünftigen Lagers in einer gewissen Distanz zur Stadt. Grund und Boden waren landwirtschaftlich eher von geringer Güte.

Die Entscheidung für Moosburg

Aus den Aufzeichnungen des damaligen Bürgermeisters Müller ergibt sich, dass die Entscheidung zum Bau des Stalag in Moosburg innerhalb weniger Tage fiel. So vermerkte Bürgermeister Müller am 19. September 1939, also nicht einmal drei Wochen nach Kriegsbeginn, dass am selben Tag zwei Herren der Ortsplanungsstelle München bei ihm gewesen seien und mitgeteilt hätten, dass die Heeresverwaltung München ein geeignetes Gelände für ein Gefangenenlager suche. Es sei ein Gebiet im unteren Gereuth zwischen Mühlbach und Stadt-/Staatswald besichtigt worden, das geeignet erschien, da es öffentlichen Straßen fern liege und durch Wald und Bäume ausreichend Deckung habe. Es erfüllte also Anforderungen der oben genannten Heeresdienstvorschrift. Offensichtlich ließ man Bürgermeister Müller weitgehend im Dunkeln, denn er schreibt, dass Einzelheiten in den kommenden Tagen bekannt würden. Nach weiteren Besichtigungen durch Wehrmachtsoffiziere legte das Wehrkreiskommando Moosburg bereits nach wenigen Tagen als Lagerstandort fest, den Aufzeichnungen von Bürgermeister Müller zufolge am 21. September, nach Wehrmachtsakten am 22. September.[7]

Viele Gefangene als Grund für die Eile

Wahrscheinlich wurden die Verantwortlichen in der Wehrmacht von der großen Zahl an polnischen Soldaten überrascht, die innerhalb von nur wenigen Tagen gefangen genommen wurden. Zwar gehen die Schätzungen, wie viele polnische Soldaten in deutsche Gefangenschaft gerieten, weit auseinander: Deutsche Berichte aus dem Jahr 1939

Lage des Stalag-Komplexes im Stadtgebiet von Moosburg
1 Kaserne der Wachmannschaften
2 Gelände von Stalag VII A

sprechen von rund 700.000 Gefangenen, eine Zahl, die auch von Teilen der Forschung übernommen wird. Andere Historiker gehen von rund 540.000 Gefangenen aus, einige polnische Historiker von etwa 440.000.[8] Diese Soldaten wurden in den wenigen Wochen zwischen dem 1. September und dem 6.Oktober, der Kapitulation der letzten polnischen Truppen, gefangen genommen. In sehr kurzer Zeit musste die Wehrmacht also eine große Zahl an Gefangenen versorgen und unterbringen. Rein rechnerisch waren bei der von der Wehrmacht ursprünglich geplanten Standardgröße von 10.000 Gefangenen pro Lager zwischen 44 und 70 Lager nötig, um die polnischen Soldaten aufzunehmen.[9] Die übergroße Zahl an Gefangenen führte nicht nur dazu, dass nun auch in Wehrkreisen, die zunächst nicht dafür vorgesehen waren, Lager errichtet wurden. Dies musste nun auch in großer Eile geschehen.

Dass man in der Wehrmacht mit der großen Zahl an Gefangenen überfordert war, zeigt folgender Befehl: Am 21. September 1939 forderte das OKW die Wehrkreise auf, die Lager schnellstens zur vollen Belegungsfähigkeit auszubauen und geeignete öffentliche und private Gelände „rücksichtslos" auszunutzen. Eine vorübergehende engste Belegung mit Gefangenen müsse in Kauf genommen werden.[10]

Aufbau eines Gefangenenlagers

In der Heeresdienstvorschrift 38/12 waren Gliederung und Ausstattung eines Kriegsgefangenenlagers genau geregelt. Nach dieser Mustervorschrift für ein „Standardlager" befanden sich am Eingang die Wach- und Geschäftszimmerbaracken. Daran schloss sich das Vorlager mit den so genannten Funktionsbaracken für Aufnahme/Registrierung, Desinfektion, Brennstoffe, Krankenversorgung und Werkstätten an. In diesem Teil des Lagers wurden neu eintreffende Gefangene durchsucht, erfasst, entlaust und erhielten eine Erkennungsmarke, um dann in den Wohnbaracken des Hauptlagers untergebracht zu werden. Das Hauptlager, das nach Konzeption der Wehrmacht grundsätzlich 10.000 Gefangene fassen sollte, war in 10 Gruppen eingeteilt. Jede Gruppe bestand aus vier Unterkunftsbaracken für je 250 Gefangene und einer Abortbaracke. Die einzelnen Gruppen waren mit Stacheldraht voneinander abgetrennt. Etwa in der Mitte des Lagers sollten zwei Küchen- und eine Verkaufsbaracke errichtet werden. Aufbau und Größe der Baracken waren detailliert festgelegt. Für jeden Gefangenen waren 2,5 qm und für jeden Wachmann 3 qm Raum veranschlagt. Um das Lager verlief ein doppelter Stacheldrahtzaun.[11]

Auch für die Errichtung des Lagers war in der Heeresdienstvorschrift 38/12 ein genauer Zeitplan vorgeschrieben. Nach 90 Tagen sollten die Wohnbaracken, die Licht-, Be- und Entwässerungsanlagen sowie die Straßen gebaut, nach 120 Tagen musste das Lager vollständig fertig gestellt sein.[12]

Allerdings wurden die Kommandanten in der Heeresdienstvorschrift 38/5 darauf hingewiesen, dass die Lager ab dem ersten Tag Gefangene aufnehmen mussten. Lediglich ein Drahtzaun war nötig, damit ein Lager in Betrieb gehen konnte. Dass es sich dabei zunächst nur um Provisorien handeln konnte, nahmen die Verantwortlichen der Wehrmacht in Kauf. Die Gefangenen waren in der Anfangszeit in Zelten und behelfsmäßigen Hütten unterzubringen, die sie dann selbst zu dauerhaften Baracken ausbauen sollten.[13]

Bau des Lagers Moosburg

Auch im Stalag VII A Moosburg war in den ersten Monaten vieles nur provisorisch. Am 22.09.1939 betraten Oberst Nepf, der erste Lagerkommandant, und mehrere Ärzte zum ersten Mal das Gebiet nördlich der Stadt, das vom Generalkommando VII als Standort für ein Kriegsgefangenenlager vorgesehen war. Das Gelände war damals noch überwiegend Ackerland, Schotterboden und Lehm, die Felder noch mit Kraut, Rüben und Kartoffeln bestellt. Zur Isar hin erstreckte sich ein Sumpf, dahinter kamen Wald und Auen. Es standen lediglich eine Kunstdüngerfabrik, eine Mühle und Schuppen. Diese waren unter anderem als Notunterkünfte vorgesehen. Nach Anweisung des Wehrkreiskommandos mussten Oberst Nepf und sein Stab binnen 14 Tagen ein Lager für 10.000 Gefangene errichten.[14]

Ende September begann der Reichsarbeitsdienst mit dem Bau des Lagers. Der Reichsarbeitsdienst hatte die Vorgabe, das Lager in zehn Tagen zu bauen.[15] Bedenkt man die detaillierten Bauvorgaben der Heeresdienstvorschriften, für die die Wehrmacht eine Bauzeit von 120 Tagen veranschlagt hatte, kann mit den beiden vorgenannten Fristen nicht gemeint sein, dass das Lager vollständig errichtet werden sollte, sondern dass binnen 10 bzw. 14 Tagen das Lager zur Aufnahme von Gefangenen bereit sein sollte.

Errichtung von Wohnbaracken

Als besonders wichtig erachtete das Wehrkreiskommando den Aufbau einer Entlausungsanlage, da das Oberkommando der Wehrmacht „nicht entseuchte" Gefangene in schlechter Kleidung angekündigt hatte.[16] Hintergrund war, dass aufgrund der oft chaotischen Verhältnisse an der Front und der schlechten hygienischen Zustände in den Gefangenensammelstellen und Durchgangslagern Läuse weit verbreitet waren. Die von ihnen übertragenen Krankheiten stellten bei der engen Belegung der Lager eine echte Gefahr für Epidemien dar. Deswegen wurde großer Wert auf eine Entlausung der Gefangenen gelegt.[17]

Der Reichsarbeitsdienst errichtete daher in einer Halle der Kunstdüngerfabrik eine behelfsmäßige Entlausungsstation. Die „Entlausungsanstalt", die über eine Duschanlage mit 16 Brausen verfügte, war am 04.10.1939 fertig und wurde angeblich bei einer Tagung der Lagerärzte im Februar 1940 in Berlin als Muster dargestellt. Sie war allerdings noch im Herbst 1940 ein Provisorium. Geheizt wurde mit dem Heizwagen eines Lazarettzuges, später mit zwei alten Lokomotiven.[18]

Nachdem zunächst im Freien gekocht worden war, errichtete der Reicharbeitsdienst auch die Küchenanlage. Diese war 80 mal 4 Meter groß. Als Fundamente wurden Pfosten in den weichen Boden getrieben. Mitte Oktober 1939 wurden dann 25 Zelte als erste Unterkünfte für die Gefangenen aufgestellt. Jedes konnte etwa 200 Mann aufnehmen.[19]

Schlechtes Wetter, vor allem Regen, erschwerte ab Anfang Oktober die Bauarbeiten. Der Schlamm war teilweise einen halben Meter tief. In diesem Zustand nahm das Lager am 19. Oktober die ersten Gefangenen auf.[20]

Der provisorische Zustand von Stalag VII A (Moosburg) war kein Einzelfall. Im Stalag II D (Stargard/Pommern) mussten die polnischen Gefangenen bis ins Jahr 1940 hinein in Zelten ohne Stroh und Decken schlafen. Auch in anderen Wehrkreisen wurde improvisiert, man brachte Gefangene in Fabrikanlagen oder Kasernen unter: Stalag VI A (Hemer) befand sich in ehemaligen Kasernen, VI D (Dortmund) in der Dortmunder Westfalenhalle.[21]

Probleme bei der Beschaffung des Baumaterials

Noch am 22.09.1939 wurden die ersten Materialien zum Bau des Lagers angefordert, unter anderem 100 km Stacheldraht und 70 Zelte zu je 420qm für je 150 Mann.[22] Oberst Nepf deutet an, dass es durchaus problematisch war, Baustoffe und Materialien zum Betrieb des Lagers zu erhalten. So lobt er die organisatorischen Fähigkeiten des Leiters der Reichsarbeitsdiensteinheit, der Eisen, Zement, Ziegel und Holz zum Bau der Entlausungsstation beschaffte, „ohne Kennziffer", also außerhalb der offiziellen Zuteilung. Wie chaotisch die Zustände bei der Materialbeschaffung waren, zeigen Aussagen Oberst Nepfs: „Selbsthilfe war Trumpf, bei uns und bei anderen", „Stiehl, raube, morde und lass dich nicht erwischen [...]. So [...] haben auch wir nach einigem Zögern gehandelt. Hätten wir es nicht getan, das Lager bestünde heute noch aus Feld, Wiese, Sumpf und Wald". Zwar sind diese Aussagen offensichtlich erheblich übertrieben, um das Publikum des Vortrags bei Laune zu halten, doch zeigen zwei von Oberst Nepf herangezogene Beispiele, dass schon zu Kriegsbeginn Material in großem Umfang verschoben wurde, teilweise sogar innerhalb der Wehrmacht: Er spricht davon, dass Fronttruppen 16.000 qm Dachpappe, die für Stalag VII A bestimmt waren „stahlen"(!). Außerdem deutet er an, dass in einer württembergischen Kleinstadt ein Eisenbahnunfall fingiert wurde, um 90 Tonnen Kohlen, die für Stalag VII A bestimmt waren, abzuzweigen, was dazu führte, dass im Lager nicht ausreichend geheizt werden konnte.[23]

Bedarf an Grund

Ein Teil des Lagers wurde auf landwirtschaftlichem Grund errichtet. An Äckern und Feldern benötigte man rund 58 Tagwerk. Auf die Grundstücksbesitzer nahmen die Verantwortlichen kaum Rücksicht, sie mussten ihren Grund abtreten.[24] Zwar bemühte sich die Stadt, Ausgleichsflächen für die Landwirte bereit zu stellen, was aber nur teilweise gelang.[25] Die Grundstücksbesitzer wurden sogleich gegen Unterschrift verständigt, ihre Äcker „unversäumt" abzuräumen.[26] Dies hat nicht in jedem Fall funktioniert. Der Reichsarbeitsdienst konnte Mitte Oktober die Zelte als

Aufnahme aus der Frühzeit des Lagers: Im Vordergrund eine bereits fertig gestellte Wohnbaracke, im Hintergrund Zelte als provisorische Unterkunft

Unterkünfte für die Gefangenen nicht immer plangemäß aufstellen, da Rüben und Kartoffeln noch nicht vollständig abgeerntet waren.[27]

Größe des Lagergeländes

Oberst Nepf berichtet auch von der Größe des Lagers (Stand Januar 1941): Es erstreckte sich auf einer Fläche von 600 mal 550 Meter, also etwa 33 Hektar. Die Hauptstraße des Lagers hatte eine Länge von 670 Meter, in Summe kamen die Querstraßen auf 7250 Meter. Der umbaute Raum aller Unterkünfte und der Kommandantur- und Wachbaracken betrug 171.000 Kubikmeter.[28]

Organisation eines Gefangenenlagers

Für Leitung, Verwaltung und Betrieb eines „Standard-Lagers" mit 10.000 Gefangenen waren nach dem Personalschlüssel der Wehrmacht 98 Soldaten (14 Offiziere, 23 Unteroffiziere und 61 Mannschaften) sowie 33 Militärbeamte und –angestellte vorgesehen.[29] Nach der Heeresdienstvorschrift 38/5 war dieses Personal in sechs so genannte „Gruppen" eingeteilt, nämlich die Gruppen „Kommandant", „Arbeitseinsatz", „Sanitätsoffizier", „Abwehr und Postüberwachung", „Verwaltung" und „Fahrbereitschaft". Besonders weitgehende Befugnisse hatte der Abwehroffizier, der Leiter der Gruppe „Abwehr und Postüberwachung". Er war neben der Kontrolle von Briefen und Paketen für die Abwehr von Sabotage und Spionage, für die Vernehmung von Gefangenen und für die Lagersicherung zuständig. Der Abwehroffizier war angewiesen, zur Erfüllung seiner Aufgaben engen Kontakt zur Gestapo zu halten.[30]

Der Lagerkommandant und sein Stellvertreter wurden vom Oberkommando der Wehrmacht bestimmt. Meist handelte es sich, wie auch bei den übrigen im Stalag

Eine Kolonne Gefangener auf dem Weg ins Lager

eingesetzten Personen, um ältere, nicht mehr fronttaugliche Militärangehörige.[31] In Moosburg hatte das Stalag-Personal zumindest am Anfang teilweise Privatquartiere in der Stadt.[32]

Für die Bewachung der Gefangenen waren Landesschützenbataillone zuständig. Ein solches Bataillon bestand regulär aus drei Kompanien zu je vier Offizieren, 19 Unteroffizieren und 129 Mannschaften sowie einer Stabskompanie. Dem Stalag VII A war das Landesschützenbataillon 512 zugeordnet. Die Landesschützenbataillone rekrutierten sich meist aus älteren oder nur bedingt kriegstauglichen Männern und waren lediglich leicht bewaffnet.[33] Die Unterkünfte der zur Bewachung des Lagers eingesetzten Landesschützen befanden sich in einem Barackenkomplex südlich des Stalag-Geländes. In der heutigen Anton-Vitzthum-Grundschule hatte das Bataillon ein Lazarett.[34]

Ankunft der ersten Gefangenen

Direkt nach der Gefangennahme im Gefechtsgebiet in Polen wurden Offiziere und Mannschaften getrennt und die Soldaten zunächst zu Gefangenensammelstellen in Frontnähe gebracht. Es handelte sich dabei um Provisorien in Lagerhallen, Kasernen oder auf Sportplätzen. Nach einigen Tagen kamen die Gefangenen von dort aus in die Durchgangslager (Dulags), entweder in Polen oder im östlichen Reichsgebiet, wo sie registriert und so lange untergebracht wurden, bis sie auf die Gefangenenlager im Reich verteilt werden konnten. In den Gefangenensammelstellen und den Dulags gab es oft keine ausreichende Verpflegung und Versorgung. Außerdem herrschten schlechte hygienische Verhältnisse, sodass sich unter den Gefangenen häufig Läuse ausbreiteten. Da von ihnen Krankheiten übertragen werden, stellten bei der engen Belegung der Lager Läuse eine erhebliche Gefahr für das Auftreten von Epidemien dar.[35]

Am 19.10.1939, also bereits nach dem Ende der Kämpfe in Polen (06.10.1939), kamen gegen 18 Uhr die ersten 1400 Gefangenen per Bahn in Moosburg an, nach Oberst Nepf, dem ersten Lagerkommandanten, verdreckt, erschöpft und hungrig. Die Gefangenen wurden, da es heftig regnete, noch im Zug, der über ein Industriegleis bis an die Entlausungsanlage des Lagers gefahren worden war, mit Suppe und Kaffee verpflegt. Dort verbrachten sie auch die Nacht. Um zu vermeiden, dass Läuse ins Lager eingeschleppt wurden, durften die Gefangenen nämlich erst nach einer Entlausung das Lagergelände betreten. Am 20.10. um 7 Uhr begann diese Prozedur, die 15 Stunden dauerte. Da die Aufnahmeeinrichtungen noch nicht fertig gestellt waren, konnten nur 500 Gefangene in einer gedeckten Fabrikhalle geschützt vor schlechtem Wetter auf die Entlausung warten. Die übrigen 900 mussten sich bei Regen zunächst im Freien aufhalten, später stellte ihnen das Lagerpersonal Zelte zur Verfügung. Die Entlausungsanstalt wurde mit

Die ersten Gefangenen mussten in Zelten untergebracht werden, weil die Wohnbaracken noch nicht fertig gestellt waren

einem alten Heizwagen eines Lazarettzugs beheizt, dessen Fehleranfälligkeit zu Verzögerungen führte. Auf deutscher Seite waren zahlreiche Dolmetscher und Schreiber tätig, um die Gefangenen zu registrieren. Auf eine gründliche Registrierung legte die Lagerleitung großen Wert. Außerdem

wurden die Gefangenen im Rahmen der Aufnahmeprozedur durchsucht und ihnen Akten, Waffen, Wertgegenstände und Bargeld abgenommen, des Weiteren alle sonstigen gefährlichen oder eine Flucht erleichternden Gegenstände wie Taschenmesser, Werkzeuge, Taschenlampen oder alle Substanzen, aus denen sich Geheimtinte herstellen ließ.[36]

Da es bereits relativ kalt war und Regenwasser in einen Teil der eigentlich zur Aufnahme der Gefangenen vorgesehenen Zelte floss, wurden die Gefangenen vorschriftswidrig, da der Brandschutz nicht gewährleistet war, im ersten Stock eines sich auf dem Gelände befindlichen Lagerhauses untergebracht.[37]

In den ersten Monaten des Bestehens des Stalag war vieles nur provisorisch. Die Gefangenen mussten, da die Baracken noch nicht fertig gestellt waren, weitgehend in Zelten schlafen. Dies war im Herbst/Winter 1939/1940 in den deutschen Gefangenenlagern nicht ungewöhnlich.

Diese Situation war für die Gefangenen angesichts des schlechten Wetters im Herbst 1939 äußerst problematisch. Es regnete viel, sodass das Grundwasser stieg und das behelfsmäßige Krankenrevier unterspülte, von den Zimmerdecken fiel Mörtel, von den Wänden lief das Wasser und die Bettwäsche schimmelte. Am 07.12.1939 kam nasser Schnee, Zeltwände platzten, Stacheldrahtzäune stürzten ein, elektrische Leitungen rissen und die Latrinen liefen über.[38]

Trotzdem wurden zahlreiche Gefangene zum Stalag VII A gebracht. Am Stichtag 13.12.1939 befanden sich bereits 9040 polnische Gefangene in dessen Zuständigkeitsbereich.[39]

Planungen für einen Arbeitseinsatz von Gefangenen in Moosburg

Auch in der Stadtverwaltung Moosburg bereitete man sich auf die Ankunft der Gefangenen vor. Bürgermeister Müller machte sich Gedanken, zu welchen Projekten man die Gefangenen einsetzen könnte ("weil ja für die Gefangenen auch gleich Arbeit [gebraucht wird, d. Verf.]". Der Bürgermeister dachte an den Vorfluter für die städt. Kanalisation, die Straße nach Hörgersdorf, Straßen in „Siedlungsgebieten" und eine Entwässerungsanlage für die Molkerei. Diese forderte er auch gleich auf, ein Entwässerungskonzept vorzulegen.[40]

Bereits im Spätherbst 1939 wurden Gefangene des Stalag von der Stadt im Straßenbau eingesetzt, später auch in größerer Zahl für Baumaßnahmen im Bereich der städtischen Kanalisation.[41]

Eine Gruppe Gefangener

Postwesen

„Schokolade nie in ganzen Tafeln, sondern nur rippenweise verabreichen!" so heißt es in der Dienstanweisung „Brief- und Paketpost" des Stalag VII A.[42] Kriegsgefangene konnten nämlich nach den Vorschriften der Genfer Konvention Post empfangen und versenden. Im Lageralltag spielte das Postwesen für die Gefangenen aber auch für die Lagerverwaltung aus verschiedenen Gründen eine wichtige Rolle.

Situation der Gefangenen

Um die Bedeutung des Postverkehrs für die Gefangenen zu ermessen, muss man sich deren Situation vor Augen führen: Nach der Aufnahmeprozedur (Entlausung und Registrierung) fand sich ein Gefangener im Hauptteil des Lagers wieder, untergebracht in einfachen Baracken auf engstem Raum, ohne jegliche Privatsphäre. Gleichzeitig war völlig unklar, wie lange die Gefangenschaft dauern und was die Zukunft nach ihr bringen würde. Trotz aller völkerrechtlichen Schutzregeln waren die Gefangenen dem deutschen Militär ausgeliefert. Nicht zuletzt hatten die Gefangenen oft über Wochen hinweg keine Möglichkeit gehabt, ihre Familien über ihr Schicksal zu informieren oder selbst zu erfahren, wie ihre Angehörigen die Kriegswirren überstanden hatten. Prof. Dr. Ziegler, der Gefangene aus Stalag VII A als Seelsorger betreute, stellte außerdem fest, dass bei vielen Polen und Franzosen eine „Niedergeschlagenheit" aufgrund der schnellen Niederlagen gegen die deutschen Truppen hinzukam. Diese Umstände hätten sogar zu psychischen Störungen geführt, die bis zum Selbstmord gehen konnten, zu Pessimismus und Fatalismus.[43]

Der Postverkehr war für die Gefangenen daher von enormer Wichtigkeit, waren Briefe doch die einzige Möglichkeit, den Kontakt mit der Heimat, mit der Familie und in gewisser Weise mit dem alten Leben aufrechtzuerhalten. Ganz konkret verbesserten Lebensmittelpakete die Versorgungslage, ermöglichten zugesandte Bücher, Werkzeuge, Spiele oder Musikinstrumente, die Freizeitgestaltung auszubauen.[44]

Briefpost

Allerdings unterlag der Postverkehr diversen Regularien. Zunächst war die Zahl der Briefe und Postkarten, die ein Gefangener versenden konnte, begrenzt. Die Kontingente waren nach Nationalität unterschiedlich. Französische, polnische und serbische Gefangene durften pro Monat zwei Briefe und zwei Postkarten schreiben. Italienischen Militärinternierten war es gestattet, pro Monat zwei Briefe und vier Postkarten zu verschicken. Sowjetische Gefangene durften pro Monat einen Brief oder eine Karte schreiben, allerdings nur ins Reichsgebiet, in besetzte Gebiete oder ins neutrale oder verbündete Ausland.[45] Das bedeutet, dass es für die sowjetischen Gefangenen keine Möglichkeit gab, mit ihren Angehörigen in der nicht von deutschen Truppen besetzten Sowjetunion Kontakt zu halten.

Verboten war jeglicher Schriftverkehr mit nicht verwandten Personen in Deutschland, deutschen Wehrmachtsangehörigen oder Militärdienststellen (Ausnahme Lagerkommandanturen), mit Dienststellen des Heimatlandes und mit Gesandtschaften, Konsulaten und Militärattachés inner- und außerhalb Deutschlands.[46]

Für Briefe und Postkarten gab es Vordrucke, die zweisprachig, in Deutsch und der jeweiligen Landessprache, gedruckt wurden. Außerdem gab es Formulare für die Antworten der Angehörigen. Sendungen wurden nur weitergeleitet, wenn sowohl Gefangener als auch Angehörige diese Vordrucke benutzten und vorschriftsmäßig ausfüllten, nämlich mit Bleistift auf den vorgedruckten Linien.[47]

Eingehende und abgehende Briefe und Postkarten unterlagen der Zensur im Lager. Innerhalb der Lagerverwaltung war die „Gruppe Abwehr" unter Leitung des Abwehroffiziers für die Postangelegenheiten und dabei vor allem für die Zensur der Gefangenenpost im gesamten Stalag-Bereich zuständig. Zu diesem Zweck wurden die Sendungen der Gefangenen aus den Arbeitskommandos und den Zweiglagern in die Zensurstelle des Stalag verbracht. Die Zensortätigkeit übten Dolmetscher aus. Sie hatten dabei nach einer Prüferfibel vorzugehen, die Hinweise zum Aufspüren von Geheimtinten

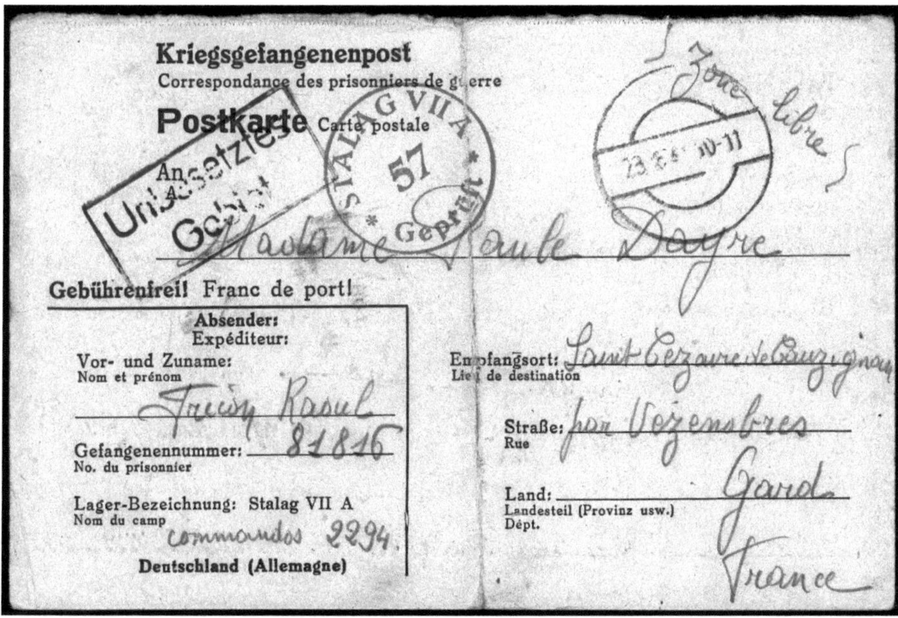

oder versteckten Nachrichten gab. Bevor eine Postsendung weiterbefördert wurde, musste sie mit einem Zensurstempel versehen sein. Jeder Zensor hatte einen eigenen, nummerierten Zensurstempel, sodass nachvollziehbar war, wer eine konkrete Postsendung geprüft hatte und auf diese Weise auch die Zensoren ihrerseits überwacht werden konnten. Unter anderem war den Gefangenen verboten, den Aufenthaltsort zu nennen. Die Gefangenen hatten sich in ihren Briefen außerdem aller deutschfeindlichen Äußerungen zu enthalten, da sonst die Briefe nicht weiterbefördert wurden. Manche Gefangene versuchten, die Zensur zu umgehen und ihre Briefe über deutsche Zivilisten weiterzubefördern. Dieses oder auch nur die Abgabe von Briefmarken an Gefangene war sowohl für Zivilisten als auch für Militärangehörige streng verboten.[48]

Um 1940 waren in Stalag VII A 50 deutsche Offiziere, Unteroffiziere und Mannschaften in der Postüberwachung tätig. In einem Monat gingen 140.000 Briefe ein und 70.000 Briefe ab. In der Nähe des Eingangs zum Lager befand sich die Baracke der Lagerpost. 180 Gefangene halfen bei der Abwicklung der Postangelegenheiten.[49] Gefangene übernahmen auch die Verteilung der Post im Lager selbst. Ein großer Teil des Postverkehrs zwischen den Kriegsgefangenen und ihrer Heimat lief über das Internationale Komitee vom

Vorder- und Rückseite eines ausgefüllten Postkartenvordrucks, gut erkennbar der nummerierte Zensurstempel

Anlieferung von Post

Roten Kreuz (IKRK). Amerikaner und Briten konnten ihre Briefe sogar – bei Bezahlung entsprechender Gebühren – per Luftpost versenden.[50]

Paketpost

Gefangene durften auch Pakete erhalten. Laut einem Merkblatt des Oberkommandos der Wehrmacht von Juli 1942 konnten Kriegsgefangene Pakete von Privatpersonen oder von Hilfsgesellschaften aus dem neutralen oder feindlichen Ausland empfangen. Für Briten, Amerikaner, Niederländer und Norweger war die Zahl der Pakete unbegrenzt, für Franzosen, Belgier, Polen und Serben war die Zahl dagegen beschränkt. Als Norm galt der Empfang von zwei Paketen zu je fünf kg im Monat.[51]

Neben den Paketen von Angehörigen gab es die so genannten „Liebesgabenpakete" privater Hilfsorganisationen. Vor allem das IKRK versandte Lebensmittelpakete in großer Zahl. Die Lebensmittelpakete des IKRK und der anderen privaten Hilfsorganisationen verbesserten mit ihren hochwertigen Nahrungsmitteln die karge und eintönige Lagerverpflegung. Die meisten Pakete kamen vom amerikanischen Roten Kreuz. Dieses verschickte Standardpakete mit genau fünf kg Inhalt (Trockenfrüchte, Fleisch- und Fischkonserven, Kekse,

Käse, Margarine und Trockenmilch, Schokolade, Zigaretten und Seife). Eine Veruntreuung dieser Gegenstände durch die Wachmannschaften wurde schwer bestraft. Zusätzlich gab es auch Rotkreuz-Pakete mit Sanitätsmaterial und Medikamenten.[52]

Die Anzahl der eingehenden Pakete war enorm. Durchschnittlich trafen um das Jahr 1940 in Stalag VII A pro Woche etwa 15.000 Pakete ein. An Weihnachten 1940 wurden von Angehörigen 150.000 Pakete (26 Eisenbahnwaggons voll) an die Gefangenen versandt, von Hilfsorganisationen weitere 12 Waggons. Nordwestlich des eigentlichen Lagers, auf der anderen Seite des Mühlbachs, befand sich, eingezäunt, der „Stalag-Bahnhof" mit eigenem Gleisanschluss und einer Baracke für die Paketpost, um diese Mengen abzuwickeln.[53]

Allerdings bereiteten die Pakete den deutschen Militärdienststellen in verschiedener Hinsicht durchaus Kopfzerbrechen. So war die Verteilung der Rot-Kreuz-Pakete sehr unterschiedlich, weitaus am besten waren US-amerikanische Gefangene versorgt, während sowjetische Gefangene kaum Rot-Kreuz-Pakete erhielten, da das IKRK nicht als Hilfsorganisation für sie zugelassen war. Dies führte dazu, dass sich im Lager auch eine Hierarchie dahingehend entwickelte, wer Pakete erhielt und wer kaum oder gar nicht. Manche von denjenigen, die häufig Pakete erhielten und über viele Nahrungsmittel und Zigaretten verfügten, stellten sich andere Gefangene an, um sich von diesen ungeliebte Arbeiten verrichten zu lassen. So ließen US-amerikanische Gefangene ihre Latrinen teilweise von sowjetischen Gefangenen reinigen, die dafür mit Lebensmitteln aus Paketen belohnt wurden.[54] Außerdem entwickelte sich ein Schwarzmarkt. Nach Angaben von Oberst Burger, dem zweiten Lagerkommandanten, wurden für eine Büchse Nes-Kaffee bis zu 100 Mark und mehr bezahlt. Die Lagerleitung versuchte zwar, diesen Schwarzmarkt zu unterbinden und darauf zu dringen, dass Nahrungsmittel auch an Bedürftige verteilt wurden, gestand jedoch ein, dass ihr dies nicht gelang.[55]

Es bestand auch die Sorge, dass vor allem in Privatpaketen verbotene Gegenstände eingeschmuggelt werden könnten.

Es gab daher für Stalag VII A in der Dienstanweisung „Brief- und Paketpost" ausführliche Bestimmungen, wie mit Paketen umzugehen sei.

Diese wurden intensiv überprüft. Privatpakete mussten im Beisein des Empfängers geöffnet werden, der Empfänger musste den Inhalt bestätigen. Außerdem waren das Paket selbst und auch sein Inhalt genauestens zu untersuchen, um den Schmuggel verbotener Gegenstände zu verhindern: Konservendosen waren auf doppelten Boden hin zu überprüfen und bei Kleidungsstücken die Nähte abzutasten. Wollknäuel mussten abgewickelt, Kuchen, Brote oder Würste mehrmals durchgeschnitten werden.

Außerdem hatten die deutschen Offiziere erhebliche Sorge, dass lang haltbare Lebensmittel aus Paketen für Fluchtversuche gehortet wurden. Es gab daher die Anweisung, keine Ware in der Originalverpackung auszuhändigen. Also mussten auch Konservenbüchsen geöffnet werden. Marmelade, Dörrobst, Kaffee, Tee oder Butter durfte nur in geringen Mengen abgegeben werden, Schokolade eben nur rippenweise. Der Rest war zu verwahren.

Als im weiteren Kriegsverlauf die Versorgungslage der deutschen Bevölkerung immer schwieriger wurde, führten Waren, die es für die Zivilbevölkerung kaum mehr gab, wie Schokolade, Kaffee oder Zigaretten, zu der Sorge, dass Bestechungsversuche zunehmen könnten.[56]

Der SD („Sicherheitsdienst", Geheimdienst der SS) mokierte sich darüber, dass Kinder und Jugendliche den Kontakt mit Gefangenen suchten, um von ihnen Süßigkeiten zu erhalten. Außerdem berichtet der SD von einem Vorfall, bei dem ein britischer Offizier auf Transport eine Tafel Schokolade auf den Tisch einer Bahnhofsgaststätte ablegte (im Lager dieses Offiziers wurde Schokolade offensichtlich in ganzen Tafeln ausgegeben) und lächelnd zusah, wie sich eine Gruppe Deutscher darum balgte. Dieses Verhalten sei würdelos, stellten die Mitarbeiter des SD fest, ihm müsse mit verstärkter Propaganda begegnet werden.[57]

Ernährung und Bekleidung

Grundsätze bei der Verpflegung der Gefangenen

Die deutsche Führung ließ sich bei der Verpflegung der Gefangenen überwiegend von Nützlichkeitserwägungen leiten. Die Rationen sollten gerade ausreichen, um die Arbeitsfähigkeit der Gefangenen zu erhalten. Gleichzeitig durfte die Ernährung nicht den Standard der deutschen Bevölkerung erreichen, da das Regime ansonsten Unruhe befürchtete. Allgemein lässt sich feststellen, dass mit den zunehmenden Versorgungsschwierigkeiten im Kriegsverlauf die offiziellen Rationen immer weiter gekürzt wurden und auch diese vor allem gegen Kriegsende in der Realität oft nicht vollständig zur Verfügung standen.

Fuhrwerke, die Nahrungsmittel ins Stalag bringen, stauen sich auf der Thalbacher Straße weit zurück

Aus Propagandagründen erhielten Briten und Amerikaner durchgehend die beste Verpflegung, wohingegen die Rationen sowjetischer Gefangener vor allem vor dem Hintergrund der schlechten Arbeitsbedingungen an Qualität und Quantität kaum zum Überleben reichten. 1944 ging das NS-Regime auch noch dazu über, sowjetische Gefangene und italienische Militärinternierte nach ihrer Arbeitsleistung zu ernähren. Wer die Arbeitsnormen erfüllte, erhielt die volle Verpflegung, wer nicht, dem wurden die Rationen gekürzt. Dies führte für diese Gefangenengruppen zu einem Teufelskreis. Wer geschwächt war und deswegen weniger arbeiten konnte, erhielt weniger Verpflegung, was seine Leistungsfähigkeit und damit seine Verpflegung weiter herabsetzte.[58]

Die Ernährung im Stalag 1940

Einen Einblick in die Situation in der Anfangszeit des Lagers gibt ein Bericht des Kommandanten Oberst Nepf vom Januar 1941, also bei noch vergleichsweise guter Ernährungslage und vor dem Eintreffen der sowjetischen Gefangenen. Danach waren zeitweise 25.000 Mann im Lager zu verpflegen, wofür 8.000 kg Brot, 2.000 kg Fleisch, 30.000 kg Kartoffeln, 300 kg Salz und Zucker und 4.600 kg sonstige Lebensmittel (Suppeneinlagen, Kraut, Gemüse, Fett und Kaffee) pro Tag benötigt wurden.[59] Es handelte sich um eine einfache Verpflegung, die vor allem auf Kartoffeln und Brot basierte, frisches Gemüse oder Milchprodukte wurden verhältnismäßig wenig ausgegeben. Gleichzeitig lässt sich berechnen, dass jedem Gefangenen 320g Brot, 1.200g Kartoffeln, 80g Fleisch und rund 184g sonstige Lebensmittel zur Verfügung standen – keine üppige Nahrung, aber ausreichend zum Überleben. Vor allem westliche Gefangene konnten die offiziellen Rationen durch Verpflegungspakete aus der Heimat aufbessern. Diese enthielten Fleisch- und Fischkonserven, Trockenfrüchte, Schokolade und Kaffee und damit hochwertige Nahrung.[60]

Die offiziellen Rationen wurden nicht einzeln abgewogen und jedem Gefangenen gesondert ausgegeben, sondern gemeinsam gekocht und dann verteilt. Zum Frühstück gab es Ersatzkaffee aus Gerste oder auch Eicheln, zu Mittag Pellkartoffeln oder eintopfartige Suppe und dazu die tägliche Brotration und abends wieder Pellkartoffeln. Zwei Mal die Woche wurde unter anderem Margarine abgegeben. Im Stalag gab es Großküchen, in denen die Mahlzeiten zubereitet wurden. Die Verteilung des Essens übernahmen die Gefangenen. Außerdem bastelten sich Gefangene auch kleine Öfchen, um damit die Lebensmittel aus den Paketen zu kochen.[61]

An das Stalag wurde auch Bier geliefert. So ging man für das Wirtschaftsjahr 1942/43 von einem Bierbedarf des Stalag von 4.000 hl aus.[62] Tatsächlich gibt es Bilder, die Gefangene vor der Marketenderei des Lagers zeigen, die, auf Bierbänken sitzend, Bier trinken.[63]

Ernährung auf Arbeitseinsatz

Gefangene auf Arbeitseinsatz erhielten, je nach Schwere der zu leistenden Arbeit, eine an Qualität und Quantität bessere Ernährung als die Stalag-Standardverköstigung.[64] Die Gefangenen mussten dabei vom jeweiligen Unternehmer verpflegt werden. Allerdings kamen die offiziellen Rationen nicht immer vollständig zur Ausgabe, da manchmal Teile der Nahrungsmittel für Prämien oder für andere Belegschaftsteile abgezweigt wurden.[65]

Gefangene bei der Essensausgabe unter Aufsicht deutscher Wachmannschaften

Dass bei der Frage der Ernährung die Erhaltung der Arbeitskraft im Vordergrund stand, zeigen Merkblätter aus den Jahren 1942 und 1943, in denen man die Betriebe, die

Gefangene beschäftigten, dazu aufforderte, eine ausreichende Ernährung sicherzustellen. Jede Arbeitsstunde, die infolge Unterernährung verloren gehe, gehe der Volkswirtschaft verloren.[66]

Für die Gefangenen des Stalag VII A auf Arbeitseinsatz gab es allgemeine Richtlinien zur Ernährung. Fleisch sollte möglichst in Form von Freibankfleisch (minderwertiges Fleisch, das nicht in den regulären Verkauf gelangte) oder Pferdefleisch ausgegeben werden, Fettportion als Margarine. „Für Sowjetrussen empfiehlt es sich zur Herstellung sättigender Suppen, wie sie den Ernährungsgewohnheiten der Kgf. entsprechen, an Stelle von 500g Brot 360g Roggenmehl oder 380g Roggenschrot oder 360g Roggengrütze zu verabreichen". Gleichzeitig wurden die Unternehmen in diesem Merkblatt verpflichtet, wöchentliche Speisepläne „einfachster Form" aufzustellen, damit man die Ernährung der Gefangenen kontrollieren konnte. Außerdem forderte das Merkblatt die Unternehmer auf, bei der Speisenzusammenstellung jede „gesundheitsstörende Einförmigkeit" zu vermeiden und abwechslungsreiche Speisepläne zu gestalten. Zu diesem Zweck sollten sie auch „Gewürzgärten" anlegen, um dort Lauch, Petersilie, Kerbel oder Knoblauch zu ziehen.[67]

Die Gefangenen, die für die Stadt Moosburg im Arbeitseinsatz waren, wurden von Moosburger Gasthöfen versorgt, denen die Stadt die Lebensmittelbezugsscheine zur Verfügung stellte, die sie zur Ernährung der Gefangenen erhalten hatte.[68]

Unterschiedliche Ernährung für unterschiedliche Gefangenengruppen

Für sowjetische Gefangene war die Situation grundlegend anders. Erst als man sich im Herbst 1941 entschloss, sowjetische Gefangene zum Arbeitseinsatz ins Reichsgebiet zu holen, wurden ihnen ab Dezember 1941 Verpflegungssätze zugebilligt, die überhaupt zum Überleben reichten.[69] Aber auch nach diesem Meinungsumschwung blieben die Sowjetsoldaten nach den Westalliierten, Jugoslawen und Polen Gefangene dritter Klasse, die am schlechtesten ernährt waren.[70]

Als im April 1942 die Rationen für Deutsche verringert werden mussten, wurden auch die niedrigeren Rationen für die sowjetischen Gefangenen reduziert, um den alten Abstand zu erhalten, für Normalarbeiter von 2.540 Kalorien auf 2.070. Allerdings waren die neuen Rationen angesichts der meist schweren körperlichen Arbeiten, die die sowjetischen Gefangenen zu verrichten hatten, zu gering, sodass Anfang Oktober der Satz auf 2.283 Kalorien erhöht werden musste. In den vierziger Jahren gingen die Ernährungsphysiologen davon aus, dass für Grundumsatz und nötigste körperliche Bewegungen 1.800-2.000 Kalorien pro Tag benötigt würden, von Normalverbrauchern 2.400 Kalorien.

Das Essen wurde in großen Blecheimern von den Küchen zu den Gefangenen gebracht

Besonders interessant ist ein Vergleich der Verpflegungssätze zwischen Deutschen, nicht-sowjetischen und sowjetischen Gefangenen. Bei einem Einsatz in der gewerblichen Wirtschaft waren für Schwerarbeiter im Oktober 1943 folgende Rationen pro Woche festgesetzt: Fleisch: Deutsche 600g, nicht-sowjetische Kriegsgefangene 480g, sowjetische Gefangene 400g; Fett: Deutsche 319g, nicht-sowjetische Kriegsgefangene 283g, sowjetische Gefangene 200g; Brot: Deutsche 3.825g, nicht-sowjetische Gefangene 3.350g, sowjetische Gefangene allerdings 3.750g. Hinzu kam auch die Qualität der Nahrungsmittel. So gab es zeitweise ein spezielles „Russenbrot", das aus Roggenschrot, Zuckerrübenschnitzeln, Zellmehl, Strohmehl und Laub gebacken wurde.[71]

Hauptgrund für die hohe Sterblichkeitsrate unter den sowjetischen Gefangenen auch im Stalag VII A war diese im Ergebnis völlig unzureichende Ernährung. Die sowjetischen Gefangenen litten ständig Hunger. Sie versuchten, sich mit Mundraub, Betteln oder dem Eintausch von selbst angefertigtem Kinderspielzeug gegen Brot zu behelfen.[72]

Bekleidung

Die Bekleidungssituation der Gefangenen war durchwegs problematisch. Die Kriegsgefangenen behielten zunächst die Kleidung, die sie bei ihrer Gefangennahme getragen hatten. Teilweise kamen sie nach Fronteinsatz, dem Aufenthalt im Durchgangslager und den langen Transporten in mehr oder weniger zerlumpten Uniformen im Lager an. Ausreichende Ersatzkleidung stand nicht zur Verfügung. Die Zahl der erbeuteten Uniformen reichte nie aus, um Gefangene neu einzukleiden und den Verschleiß während der oft jahrelangen Gefangenschaft auszugleichen. Besonders schwierig war die Versorgung mit Schuhen. Lederschuhe konnten kaum ersetzt werden. So besaßen 1942 75% der Gefangenen keine Lederschuhe.[73]

Während westliche Gefangene über Kleidungspakete aus der Heimat Ersatz bekamen, stand dieser Weg den sowjetischen Gefangenen und den italienischen Militärinternierten nicht offen. Der Mangel an Kleidung, vor allem an Unterwäsche, führte vor dem Hintergrund, dass in den Unterkünften dieser Gefangenen schlechte sanitäre Verhältnisse herrschten, zu erheblichen hygienischen Problemen. Ungezieferbefall in den Baracken dieser Gefangenengruppen kam regelmäßig vor, oft hatten sowjetische und italienische Gefangene Läuse.[74]

Das Stalag richtete eine Schneiderei und eine Schusterei ein, um Abhilfe zu schaffen. Im Januar 1941 waren 99 Gefangene in der Stalag-Schneiderei und 315 gefangene Franzosen und Polen in der Schuhmacherwerkstatt tätig. Im Herbst 1940 wurde dort an sieben Tagen die Woche gearbeitet, an einem einzigen Sonntag wurden 700 Paar Schuhe ausgebessert. Auch die Gefangenen waren angehalten, in einer wöchentlichen Putz- und Flickstunde ihre Kleidung zu pflegen.[75]

Gefangene bei der Ausbesserung von Kleidung

Außerdem wurde der Mangel detailliert und akribisch verwaltet. Über den Bestand an Kleidung musste von den Führern der Arbeitskommandos detailliert Meldung gemacht werden. Hierzu war das mehrseitige Formular „Nachweisung „A" über den Gesamtbestand an Kgf.-Bekleidung im Kommando" auszufüllen und monatlich an das Stalag zu übersenden. Der Bestand an Mützen, Tuchröcken, Tuchhosen, Mänteln, Halsbinden, Lederstiefeln und Lederschuhen, Holzschuhen, Holzpantoffeln, Strümpfen oder Fußlappen, Hemden, Unter- und Sporthemden, Unterhosen, Drillichröcken, Drillichhosen, Arbeitsröcken, Arbeitshosen, Arbeitsmänteln, „Bolschewistenhemden" und Wattejacken, Gamaschen, Unterjacken, Decken, Handtüchern, Taschentüchern, Handschuhen, Kopf- und Ohrenschützern, Wollschals, Stahlhelmen und Gasmasken war darin aufzuführen.[76] Dazu gab es noch einen Ausfüllhinweis im Umfang einer DIN A-4-Seite, in dem erläutert wurde, was unter den einzelnen Kategorien zu verstehen war.[77] Außerdem mussten die Leiter der Arbeitskommandos für jeden Gefangenen einen „Bekleidungsnachweis" führen, in dem alle Bekleidungsstücke aufgelistet waren, die der Gefangene erhalten hatte.[78] Ging ein Bekleidungsstück verloren oder kaputt, musste das Stalag informiert und auch der Grund für Verlust oder Beschädigung angegeben werden.[79]

An Bettzeug standen den Gefangenen zwei Decken aus „Grobgarn" zur Verfügung, Bettwäsche gab es nicht. Bei ungünstigen Bedingungen, zum Beispiel wenn die Unterkunft nicht beheizbar war, konnten die Gefangenen auch eine dritte Decke erhalten. Im März 1942 wurde angeordnet, an sowjetische Gefangene Papierdecken auszugegeben, angeblich aus hygienischen Gründen.[80]

Arbeitseinsatz von Kriegsgefangenen

Aufgrund der positiven Erfahrungen im Ersten Weltkrieg plante die deutsche Führung von Anfang an, Kriegsgefangene soweit wie möglich zum Arbeitseinsatz heranzuziehen. Nach der Genfer Konvention waren gefangene Mannschaften zur Arbeitsleistung verpflichtet, so lange es sich nicht um gesundheitsschädliche Beschäftigungen oder Tätigkeiten unmittelbar für den Kriegseinsatz handelte. Unteroffiziere konnten selbst entscheiden, ob sie arbeiten wollten.[81]

Dass Kriegsgefangene vor allem als Arbeitskräfte gesehen wurden, zeigt eine Stelle aus einem Merkblatt des OKW (Oberkommando der Wehrmacht) für Wachmannschaften vom Januar 1943: „Die Kriegsgefangenen sind Arbeitskräfte des Deutschen Reiches, die für die deutsche Wirtschaft während des Krieges voll ausgenutzt werden müssen." Zum Nutzen des deutschen Volkes müsse die Arbeitskraft der Kriegsgefangenen erhalten bleiben. Hierzu gehöre angemessene Unterkunft, ausreichende Verpflegung und sachgemäße und korrekte Behandlung.[82]

Der Kriegsgefangene war also nicht um seiner selbst willen ordnungsgemäß zu behandeln, sondern nur, soweit er als Arbeitskraft vonnöten war.

Arbeitseinsatz in Landwirtschaft und Industrie

Schon die ersten polnischen Gefangenen, die im Spätherbst 1939 in die Lager im Reich kamen, sollten zu Arbeiten in der Landwirtschaft, vor allem zur Kartoffel- und Rübenernte eingesetzt werden und so die zur Wehrmacht eingezogenen Landarbeiter ersetzen. Tatsächlich waren deshalb schon 1939 300.000 polnische Kriegsgefangene in der Landwirtschaft tätig.[83] Noch im September 1939 wies das Wehrkreiskommando die Leitung von Stalag VII A an, dafür zu sorgen, dass die Gefangenen schnell bei der Kartoffel- und Rübenernte zum Einsatz kamen.[84] Daher blieben die meisten polnischen Gefangenen zunächst nur kurz im Stalag.

Ab 1940 wurden Gefangene auch verstärkt im Bergbau, in der Bauwirtschaft und der Industrie eingesetzt, da nun auch dort Arbeitskräfte fehlten. Mit andauerndem Kriegsverlauf vergrößerte sich der Arbeitskräftebedarf in Landwirtschaft und Industrie. In immer stärkerem Umfang wurden nun auch Facharbeiter eingezogen und durch Kriegsgefangene ersetzt.[85]

In der Landwirtschaft tätige französische Gefangene

Organisation und Umfang des Arbeitseinsatzes

Um den Arbeitseinsatz besser zu koordinieren und um Facharbeiter und Spezialisten unter den Gefangenen zu ermitteln, gab es in den Stalags Arbeitsämter, so auch in Moosburg.
Unternehmer forderten die Gefangenen beim Stalag-Arbeitsamt an. Dann schlossen Unternehmen und das Deutsche Reich, vertreten durch das Stalag, einen Überlassungsvertrag.[86] Bei der Überlassung der Gefangenen handelte es sich nicht um ein Arbeitsverhältnis nach bürgerlichem Recht, sondern um ein öffentlich-rechtliches Rechtsverhältnis eigener Art. Im März 1942 wies das OKW die Kommandanturen an, aus Vereinfachungsgründen in Zukunft

keine Überlassungsverträge mehr abzuschließen, sondern bei der Überlassung der Gefangenen dem Unternehmer die geltenden Bestimmungen per Merkblatt bekannt zu geben. Derjenige, der die Gefangenen beschäftigte, der sogenannte Einsatzträger, zahlte eine Entschädigung pro Tag und Gefangenen an das Stalag, musste aber seinerseits für Unterkunft und Verpflegung sorgen.[87]

In welchem Umfang die Gefangenen als Arbeitskräfte eingesetzt wurden, zeigen einige Zahlen. Am 10.09.1940 waren von 62.768 Gefangenen im Bereich des Stalag VII A 34.022 auf Arbeitskommandos verteilt, am 10.01.1941 von 55.130 schon 43.177, am 01.01.1942 von 59.169 Gefangenen 53.301, am 01.01.1943 57.325 von 65.771, am 01.01.1944 waren 54.932 von 74.096 Gefangenen auf Arbeitseinsatz und am 01.12.1944 (letzte verfügbare Aufstellung) von 75.400 noch 56.350.[88]

Außenlager

Vor diesem Hintergrund war für die meisten Gefangenen das Stalag in Moosburg lediglich Durchgangsstation, von wo aus sie auf Arbeitskommandos im Gebiet des Wehrkreises

Polnische Gefangene beim Arbeitseinsatz

verteilt wurden. War nämlich der Weg zwischen Stalag und Einsatzort zu weit, um täglich zurückgelegt zu werden, brachte man die Gefangenen in Außenlagern am Arbeitsort unter. Es existierten zahlreiche solcher Außenlager im Bereich des Wehrkreises VII, die organisatorisch dem Stalag VII A zugeordnet waren. Ins Stalag kehrten die Gefangenen zurück, wenn sie erkrankt waren oder sie ihren Einsatz beendet hatten und noch nicht auf den nächsten Einsatz geschickt wurden.[89]

Das Stalag gab Anweisungen heraus, wie die Außenlager beschaffen sein sollten. So mussten sie mit 2,5m hohem Stacheldraht eingezäunt sein, die Fenster vergittert und die Türen absperrbar. Wenn Gefangene einzeln am Einsatzort übernachten durften, musste ihnen der Unternehmer am Abend Hose und Schuhe abnehmen und gesondert einsperren.[90]

Bezahlung

Von der Entschädigung, die der Unternehmer an das Stalag zu zahlen hatte, wurde ein Teil dem Gefangenen gutgeschrieben oder ausbezahlt. Die Bezahlung erfolgte in Lagergeld, um Fluchtversuche zu vermeiden.[91] Mit dem Lagergeld konnten die Gefangenen in der lagereigenen Kantine einkaufen, teilweise durften sie dieses Geld auch nach Hause überweisen. Angeregt von Stalag VII B (Memmingen) erschien in einer Nummer der Lagerzeitung ein Aufruf, ein Hilfswerk zugunsten bedürftiger Familien von französischen Gefangenen zu gründen. Vom Arbeitslohn sollten mindestens 50 Pfennig pro Monat gegeben werden. Die deutschen Behörden unterstützen das Projekt und bei einer ersten Sammlung konnten 850 RM, bei der zweiten bereits 2210 RM erzielt werden.[92]

Welche Vergütung die Gefangenen bekamen, hing von der Branche ab, in der sie beschäftigt waren und änderte sich auch immer wieder. In der Industrie lag der Mindestlohn für einen Gefangenen zum Beispiel ab November 1943 bei 50 Pf. pro Tag, für einen sowjetischen bei 25 Pf. Meist waren die Verdienste jedoch höher, sodass ein nicht-sowjetischer

Eine Gruppe Gefangener mit deutschem Wachmann auf dem Weg zum Arbeitseinsatz

Gefangener pro Woche 16 RM, ein sowjetischer 8 RM verdiente, verglichen mit 51 RM Durchschnittslohn eines deutschen Industriearbeiters. Teilweise durften die Unternehmer auch Leistungsanreize bezahlen.[93]

Als während des Krieges aufgrund Personalmangels die Bewachung der Gefangenen immer lockerer wurde, eröffneten sich Möglichkeiten zum Nebenverdienst. So konnten sie am Samstagnachmittag oder am Sonntag einige Reichsmark schwarz hinzu verdienen. Vor allem für sowjetische Gefangene war diese Zusatzarbeit auf Bauernhöfen eine wichtige Gelegenheit, an zusätzliche Nahrung zu gelangen. Diese Nebentätigkeit brachte die Gefangenen aber auch immer wieder in Konflikt mit ihren Unternehmern, da die Gefangenen ihre Kräfte schonten, um die Zusatzarbeit leisten zu können. Für die in der Industrie eingesetzten Gefangenen bestand auch die Möglichkeit, aus Materialabfällen Spielzeug zu basteln und dieses zu verkaufen.[94] Dies war allerdings verboten und konnte sogar gefährlich werden. Die Leitung eines Industriebetriebes im Bereich des Stalag VII A, mit der Leistung ihrer sowjetischen Gefangenen unzufrieden, bezeichnete das Basteln von Spielzeug aus Metallresten als Sabotage nach der Wehrkraftschutzverordnung und forderte das Rüstungsministerium, den zuständigen Kommandeur der Kriegsgefangenen und die Gestapo-Stelle München auf, einige der „Saboteure" vor versammelter Mannschaft zu erschießen, um diese „Sabotage" zu stoppen.[95]

Arbeitsbedingungen

Die Kriegsgefangenen waren, was Pausen oder die Leistung von Überstunden anbelangt, wie deutsche Arbeitnehmer zu behandeln. Sie durften nicht besser gestellt sein. Dies bedeutete aber auch, dass das Recht auf Pausen, das die Genfer Konvention forderte, nicht immer umgesetzt wurde. Da deutsche Arbeitnehmer in Notfällen auch sieben Tage die Woche arbeiten mussten, mussten dies auch die Kriegsgefangenen. Dies konnte dazu führen, dass der von der Genfer Konvention geforderte freie Tage in der Woche wegfiel. Wenn die zivilen Arbeitskräfte Überstunden zu leisten hatten, mussten dies auch die Kriegsgefangenen.[96]

In der täglichen Praxis waren die Arbeitsbedingungen nach Nationen sehr unterschiedlich. Die schlechteste Stellung hatten aufgrund der nationalsozialistischen Ideologie sowjetische Gefangene und die italienischen Militärinternierten. Letztere galten nach dem Waffenstillstand Italiens mit den Alliierten 1943 in der deutschen Öffentlichkeit als Verräter. Angehörige dieser beiden Gruppen wurden mit den unangenehmsten, schwersten und gefährlichsten Arbeiten betraut. Wenn deutsche Vorgesetzte diese Gefangenen schlugen, schritten die Militärbehörden vielfach nicht ein. Am anderen Ende der Skala standen die anglo-amerikanischen Gefangenen. Sie genossen beinahe den kompletten Schutz der Genfer Konvention. Kritik an Ernährung, Unterbringung und Arbeitsbedingungen brachten sie oft selbstbewusst vor, ohne Repressionen befürchten zu müssen. Dies galt auch für langsames Arbeiten. Westliche Gefangene wurden auch nur selten geschlagen. Sie konnten häufig, vor allem wenn sie Facharbeiter waren, die Anerkennung ihrer deutschen Kollegen erwerben.[97]

Bewachung während des Einsatzes

Die regulären Wachmannschaften konnten die Bewachung der Gefangenen auf den zahlreichen Außenkommandos nicht übernehmen. Auf Antrag wurden daher, wenn die Ortspolizeibehörde keine Einwände erhob, Zivilisten vom Landrat oder vom Stalag aus als „Hilfswachmannschaften" zur Bewachung der Gefangenen auf Arbeitseinsatz verpflichtet. Wenn Gefangene einzeln einem Landwirt oder Handwerker zugeteilt waren, begleitete sie kein Wachmann, sondern der deutsche Bauer oder Handwerker wurde zum „nebenamtlichen Hilfswachmann" ernannt mit den

entsprechenden Befugnissen.[98] Aufgabe des Wachmanns war, neben der Bewachung der Gefangenen, das deutsche Volk vor Schaden zu bewahren. Besonders wichtig war den Verantwortlichen, dass die Wachmannschaften auch sicherstellten, dass die Gefangenen bei der Arbeit vollsten Einsatz zeigten. Die Wachleute sollten durch eifrige Mitarbeit ein anfeuerndes Beispiel geben.[99]

Arbeitseinsätze in Moosburg

Schon im September 1939, als die Überlegungen der Wehrmacht zur Errichtung eines Gefangenenlagers bekannt wurden, plante die Stadt Moosburg Gefangene zu öffentlichen Arbeiten einzusetzen.[100] Das Stadtbauamt Moosburg und das Deutsche Reich, vertreten durch den Kommandanten des Stalag VII A, schlossen daher schon am 15.11.1939 einen entsprechenden Vertrag mit Wirkung bereits vom 14.11.1939 an. Der Stadt wurden 20 Hilfsarbeiter für den Straßenbau „überlassen".[101] In den nächsten Jahren beschäftigte die Stadt laufend Gefangene. Im Sommer und Herbst 1940 errichtete die Philipp Holzmann AG den städtischen Hauptsammler für Abwasser. Für dieses Bauprojekt waren dabei im Zeitraum vom 19.08. bis zum 02.11. zwischen 11 und 79 Gefangene tätig.[102] Im April 1941 wurden der Stadt „für laufende Arbeiten" 50 Gefangene zur Verfügung gestellt.[103]

Im Dezember 1943 und Januar 1944 setzte die Stadt Gefangene beim Bau von Behelfsheimen ein, im August 1943 auch zum Bau von Splitterschutzgräben.[104] Im Oktober 1944 beschäftigte die Stadtgemeinde Moosburg 168 Gefangene (bewacht von fünf Posten).[105]

Auch in der privaten Wirtschaft waren in Moosburg und Umgebung zahlreiche Gefangene tätig, verteilt auf diverse Kommandos. Eine Aufstellung vom 07.11.1942 ergibt folgende Zahlen: Landwirtschaft und Gewerbe 105 Gefangene, Industrie und Baugewerbe 211, in Niederambach 42, 20 in Bruckberg, 14 in Thonstetten, in Mauern 34, 15 in Oberhummel, 16 in Inkofen, 65 in Reichersdorf und 32 in Aich.[106]

Kontakt von Kriegsgefangenen mit der deutschen Zivilbevölkerung

Kontaktverbot

Der Kontakt von Kriegsgefangenen mit der Zivilbevölkerung war bei der deutschen Führung äußerst unerwünscht und wurde als potentiell gefährlich angesehen.[107] Die verschiedenen Befürchtungen gehen aus einem Merkblatt des OKW (Oberkommando der Wehrmacht) aus dem Jahr 1943 hervor: „Jeder Umgang darüber [über das nötige Maß, d. Verf.] hinaus ist verboten, weil er nicht nur mit der Ehre und dem Stolz eines Deutschen unvereinbar ist, sondern auch weil die Gefahr der Ausspähung kriegswichtiger Dinge besteht oder dem Volksgenossen bevölkerungspolitisch Schaden zugefügt werden kann."[108]

Das Regime ging daher mit Propaganda, Verboten und Strafen gegen Kontakte zwischen Gefangenen und deutschen Zivilisten vor.

In § 4 der Wehrkraftschutzverordnung von 1939 war festgelegt, dass verbotener Umgang mit Gefangenen bestraft werden konnte. Darunter verstand man den Verstoß gegen eine Regelung zum Umgang mit Gefangenen oder Kontakt mit Gefangenen, der „das gesunde Volksempfinden gröblich verletzt".

Schon im November 1939 lagen jedoch bereits Berichte vor, „aus denen zu ersehen ist, dass diese Haltung gegenüber einem Feinde des Volkes nicht überall eingenommen wird."[109] Vor allem die Ortsgruppenleiter wurden angewiesen, dagegen vorzugehen. Jede engere Verbindung zwischen „Volksgenossen" und Kriegsgefangenen war durch Aufklärung zu verhindern oder, wenn das nicht gelang, durch polizeiliche Maßnahmen zu unterbinden.[110]

Der Freisinger NSDAP-Kreisleiter nahm sich diese Aufforderung offensichtlich zu Herzen und beschwerte sich am 21.10.1940 beim Landrat darüber, dass in einem Moosburger Gasthaus gefangene französische Ärzte verkehrten (die sich in gewissem Umfang frei bewegen durften) „[Es ist, d. Verf.] eines Deutschen unwürdig, dass er Gefangene bewirtet."[111]

Propagandamaßnahmen und Verbote

In den Folgejahren kam es zu zahlreichen Erlassen und Kampagnen von Parteigremien, Zivilbehörden und militärischen Dienststellen, um in den Köpfen der Bevölkerung zu verankern, dass die Kriegsgefangenen weiterhin Feinde des deutschen Volkes und als solche zu behandeln seien.

Im Mai 1940 legte ein Runderlass des Reichsinnenministers fest, dass jeglicher Umgang und jede Beziehung mit Kriegsgefangenen verboten war, es sei denn, dieser war durch ein Arbeitsverhältnis oder eine Dienstpflicht nicht zu vermeiden. Aber auch dann war der Kontakt mit Gefangenen auf das notwendigste Maß zu beschränken.

Fälle des unerwünschten Umgangs mit Gefangenen waren nun ausdrücklich strafbar. Dies betraf zahlreiche alltägliche Situationen wie die Weiterleitung von Postsendungen und schriftliche oder mündliche Mitteilungen unter Umgehung der Lagerzensur, Geldwechseln, An- und Verkauf, Umtausch oder Schenkung von Gegenständen jeglicher Art, vor allem von Briefmarken, Geld, Tinte oder Alkohol, Gespräche oder die Überlassung eines Rundfunkgeräts.[112]

In einem anderen Merkblatt aus dem Jahr 1940 heißt es: „Wenn Ihr sie wie Deutsche behandelt oder gar noch besser, werdet Ihr zu Verrätern an der Volksgemeinschaft [...] Lasst die Kriegsgefangenen nicht mit Euch gemeinsam bei Tische sitzen. Sie gehören nicht zur Haus- oder Hofgemeinschaft, noch viel weniger zur Familie [...] Bei Festen und Feiern haben die Kriegsgefangenen nichts zu suchen. Denn wir wollen bei unseren Feiern und Familienfesten unter uns sein."[113]

Gemeinsamer Kirchgang war verboten, ebenso gemeinsamer Wirtshausbesuch. So wurde einem Moosburger Konditor der bei ihm eingesetzte Kriegsgefangene entzogen, weil er diesen an Allerheiligen mit auf den Friedhof genommen hatte.[114]

Polizeihaft und Arbeitsplatzverlust

Verstöße gegen diese Regelungen wurden bestraft. Dies galt vor allem für Fluchthilfe, unbefugte Nachrichtenübermittlung und alle Handlungen, die geeignet waren, Sabotage und Spionage durch Kriegsgefangene zu erleichtern. Die Justiz war angewiesen, hart durchzugreifen. Die Gauleiter erhielten die Empfehlung, in ihren Mitteilungsblättern Gerichtsurteile wegen verbotenen Umgangs mit Gefangenen bekannt zu machen. Statistiken von Justiz und Gestapo zeigen, dass es zu hunderten von Fällen von verbotenem Umgang zwischen Zivilisten und Gefangenen kam.[115]

So führte vom 3. bis zum 7. Januar 1940 die Gestapo-Stelle München auch in Moosburg eine Aktion wegen verbotenen Umgangs mit Kriegsgefangenen durch. Sechs Moosburger wurden verhaftet, darunter zwei Frauen, die in einem Gasthaus mit Gefangenen gesprochen und von ihnen Getränke und Zigaretten angenommen hatten. Außerdem verhaftete die Gestapo einen Fotografen, der Aufnahmen von Gefangenen angefertigt hatte. Gegen diese Personen wurden Haftbefehle beantragt.[116]

Dagegen hatte eine städtische Beschäftigte noch direkt Glück, sie verlor nur ihren Arbeitsplatz wegen Kontakts mit Gefangenen. Ein Mitarbeiter der städtischen Kassenverwaltung zeigte gegenüber dem Bürgermeister an, dass er am 04.04.1942 gegen zwei Uhr festgestellt habe, dass sich eine städtische Büroangestellte im Büro des Stadtbauamts mit zwei französischen Gefangenen unterhalten habe. Diese seien zigarettenrauchend und mit verschränkten Armen auf ihren Stühlen gesessen und hätten gelächelt. Er habe in Erfahrung gebracht, dass die Bürohilfskraft sich bereits seit halb zwei Uhr im Baubüro aufgehalten habe. Weiter schreibt er: "Wenn man weiß, in welchem Zustand unsere Soldaten in den Lazarettzügen hier ankommen und wenn man von den hiesigen Landesschützen hören muss, dass unsere Soldaten von den Kriegsgefangenen noch ausgelacht werden, so kommt man zu der Überzeugung, dass es höchste Zeit ist, wenn diese Zustände im Baubüro schleunigst abgeschafft werden". Weiterhin stellte er fest, dass die beiden Gefangenen nicht mehr benötigt würden, da niemand in der Lage sei, deren Tätigkeit zu kontrollieren. Es sei bestimmt nicht richtig, wenn die beiden Gefangenen sich selbst überlassen alleine im Baubüro säßen.

Bürgermeister Müller verfügte, dass das Arbeitsverhältnis mit der Büroangestellten sofort gelöst werde, die beiden französischen Ingenieure sollten nach Beendigung ihrer Arbeiten ins Lager zurückkommen.[117]

Verbotene Liebesbeziehungen mit Gefangenen

Die ganze Sorge des Regimes galt den deutschen Frauen: „Besonders die deutsche Frau muss sich bewusst sein, dass sie in keinerlei Beziehung zu den Kriegsgefangenen treten darf. Sie verliert sonst ihr höchstes Gut, ihre Ehre. Deutsche Frau, vermeide daher auch jeden falschen Schein."[118] 1943 wurden die Frauen ermahnt: „Deutsche Frauen, die in Beziehungen zu Kriegsgefangenen treten, schließen sich von selbst aus der Volksgemeinschaft aus und erhalten ihre gerechte Bestrafung. Selbst der Schein einer Annäherung muss vermieden werden".[119]

Liebesbeziehungen deutscher Frauen mit Kriegsgefangenen fielen ebenfalls unter die Wehrkraftschutzverordnung und wurden gerichtlich geahndet. Im Wehrkreis VII machte das stellvertretende Generalkommando mit einem Schreiben vom Januar 1940 Urteile gegen deutsche Frauen wegen Beziehungen mit polnischen Kriegsgefangenen bekannt. Jeder Unternehmer, der Kriegsgefangene beschäftigte, und der örtliche Bürgermeister erhielten einen Abdruck der Bekanntmachung. Außerdem befahl das stellvertretende Generalkommando der Lagerleitung, die Wachmannschaften darauf hinzuweisen, dass sie strenge Strafen befürchten mussten, wenn ihr Verschulden Umgang deutscher Frauen mit Gefangenen ermöglichte.[120]

Auch das Landesschützenbataillon 512, das zur Bewachung der Gefangenen zuständig war, schärfte dies in einem Rundschreiben aus dem Jahr 1943 den Wachmannschaften äußerst nachdrücklich ein.[121]

Auch die Lagerordnung von Stalag VII A vom 08.01.1944 verbot in Ziffer 1 (!) den Kriegsgefangenen, sich deutschen Frauen zu nähern und bedrohte dies mit Gefängnis und unter Hinweis auf die Kriegssonderstrafverordnung mit der Todesstrafe.[122]

Zahlreiche Kontakte im Alltag

Die immer wiederkehrenden Kampagnen und die zahlreichen Erlasse, Merkblätter und Bekanntmachungen zeigen ebenso wie die Statistiken von Gestapo und Justiz, dass es doch zu zahlreichen und intensiven Kontakten zwischen der deutschen Zivilbevölkerung und Kriegsgefangenen kam. Der Arbeitseinsatz der Gefangenen, der immer größere Ausmaße annahm, ergab zahllose Situationen, die Kontakte zwischen Gefangenen und Zivilisten ermöglichten. So waren in Industriebetrieben oder auf dem Bau Gefangene und deutsche Zivilarbeiter gemeinsam in Schichten tätig. Besonders enge Beziehungen konnten auf Bauernhöfen oder in Handwerksbetrieben entstehen, denen einzelne Gefangene als Ersatz für eingezogene Gesellen oder Knechte oft für längere Zeiträume zugeteilt waren. Diese Gefangenen übernachteten dort auch häufig und erhielten ihre Verpflegung. Hier nahmen die Gefangenen zwangsläufig auch am Alltagsleben der Familie teil. Nach Oberst Burger, Lagerkommandant 1943-1945, wurden die Gefangenen in diesen Fällen teilweise wie Familienangehörige behandelt.[123] So berichtete der SD (="Sicherheitsdienst", Geheimdienst der SS) schon im November 1939, dass es vorgekommen sei, dass polnische Gefangene, die Bauern zu Erntearbeiten zugeteilt worden waren, von diesen in die Familie aufgenommen wurden. Polnische Gefangene seien auch mit den Bauern, bei denen sie eingesetzt wurden, zur Kirche gegangen.[124] Auch das Landesschützenbataillon 512 forderte in einem Rundschreiben an die Arbeitskommandos vom 22.02.1943: „5. In Gegenden, wo Kriegsgefangene auf den Bauernhöfen zu familiär behandelt werden, ist noch vor den Frühjahrsarbeiten im Benehmen mit den Arbeitsämtern eine Umstellung zu veranlassen."[125]

Immer wieder kam es auch vor, dass Unternehmer die bei ihnen eingesetzten Gefangenen mit Lebensmitteln beschenkten. Im August 1942 mussten die Moosburger Betriebsinhaber gegen Unterschrift bestätigen, dass ihnen das Verbot, Gefangene zu beschenken, bekannt sei, ebenso die Tatsache, dass ein Verstoß strafrechtliche Konsequenzen haben könnte.[126]

Verbot der Annäherung an das Lager

Auch die Lagerleitung versuchte, den Kontakt von Gefangenen mit Zivilisten weitestgehend zu unterbinden. Schon die Lage des Geländes außerhalb der Stadt erleichterte dies. Das Betreten des Lagers war Zivilisten nur mit einer Genehmigung des Oberkommandos der Wehrmacht und unter Führung eines Begleiters gestattet. Entsprechende Anträge mussten schriftlich bei der Kommandantur gestellt werden. Besucher hatten sich beim Betreten und Verlassen des Lagers bei der Kommandantur an- und abzumelden. Auch wer eine Genehmigung zum Betreten des Lagers hatte, durfte sich nicht mit Gefangenen in Verbindung setzen. Dies war bei Strafe verboten. Frauen und Kinder konnten das Lager nicht besuchen. Der Lagerumzäunung durfte man sich nur bis auf eine Entfernung von 100 m nähern. Begründet wurde dies mit einer „etwaigen Gefährdung bei Maßnahmen gegen Fluchtversuche". Die Lagerleitung befürchtete, dass beim Gebrauch von Schusswaffen gegen Flüchtende auf diese Weise Zivilisten gefährdet werden könnten.[127]

Dass diese Regelungen nicht durchgehend eingehalten wurden, ergibt sich aus Zeitzeugenberichten. Zum Beispiel tauschten Kinder durch den Stacheldrahtzaun des Lagers von sowjetischen Gefangenen selbst gebasteltes Spielzeug gegen Brot.

Seelsorge und Freizeitgestaltung

Seelsorge für die Kriegsgefangenen

In den Stalags gab es keine psychologische Betreuung der Gefangenen. Vieles von dem, was heute in ähnlichen Situationen Psychologen leisten, übernahmen in den Kriegsgefangenenlagern des Zweiten Weltkriegs Geistliche. Daher kam ihrer Tätigkeit für die Gefangenen eine große Bedeutung zu.

Über die Seelsorge in Stalag VII A, vor allem für die große Zahl an katholischen Gefangenen, liegen detaillierte Informationen vor. Prof. Dr. Ziegler, der Gefangene im Bereich des Wehrkreises VII als katholischer Geistlicher betreute, hat seine Erlebnisse ausführlich beschrieben.[128] Zunächst stellt Ziegler die hohe Bedeutung von geistlichem Beistand für die Gefangenen dar. Diese waren auf engstem Raum, ohne Privatsphäre, für unbestimmte Zeit eingesperrt. Hinzu kamen laut Prof. Dr. Ziegler regelrechte Traumatisierungen wegen der schnellen deutschen Siege und die Sorge um Angehörige, mit denen oft über Wochen kein Kontakt bestand. Ziegler vermutet, dass vor allem die polnischen Gefangenen deshalb das religiöse Angebot so intensiv annahmen. Er schreibt, dass der Andrang zu den Gottesdiensten gewaltig war.[129]

Zunächst befand sich im Lager in Moosburg kein polnischer Priester, da in Polen Geistliche vom Militärdienst befreit waren. Daher begann Prof. Dr. Ziegler, der die polnische Sprache beherrschte, Gottesdienste für die zunächst ausschließlich polnischen Gefangenen zu halten. Am 14.12.1939 feierte er seine erste Messe im Kantinenzelt mit einem improvisierten Altar. Diesen Gottesdienst besuchten mehrere Tausend Gefangene. An Weihnachten 1939 nahm Prof. Dr. Ziegler 930 Gefangenen die Beichte ab. In der Moosburger Johanneskirche (diese wurde in den kommenden Jahren immer wieder von Gefangenen benutzt) fanden an den beiden Weihnachtsfeiertagen Gottesdienste für die polnischen Soldaten statt.[130]

Im Jahr 1940 waren zeitweise 130 französische Priester im Lager, die alle an den Sonntagen zelebrierten. An den Sonn- und Feiertagen gab es um 8, 9 und 10 Uhr Gottesdienste für Polen und Franzosen. Für einen gemeinsamen großen Gottesdienst reichte der Platz nicht aus. Sonntagnachmittag gab es Andachten, Vesper und Komplet. An Sonntagen spendeten die Geistlichen durchschnittlich 700 Mal die Kommunion, am Weihnachtstag 1940 1800 Mal. In diesem Jahr feierten französische Geistliche um 19 Uhr in allen 42 Baracken des Lagers gleichzeitig die Christmette. Dies hatte ein Hauptmann der Lagerleitung organisiert.[131]

Besonders eindrucksvoll waren die feierlichen Fronleichnamsgottesdienste mit anschließenden Prozessionen, an denen mehrere Tausend Gefangene teilnahmen und die etwa zwei Stunden dauerten. Dafür hatten die Gefangenen aufwändige Altäre aufgebaut mit reichem Blumenschmuck, die Stadtpfarrei Moosburg verlieh liturgisches Gerät und Gewänder. Chöre und Musikgruppen der Gefangenen begleiteten die Gottesdienste und Prozessionen mit Musik und Gesang.[132]

Es kam auch zu einzelnen Taufen und zur Feier der Erstkommunion im Lager, außerdem zur Spendung der Firmung. In einigen Fällen führten die Geistlichen Ferntrauungen bei französischen Gefangenen durch. Starben katholische Gefangene, erhielten sie Aussegnung und Beerdigung nach katholischem Ritus.[133]

Spitze der Fronleichnamsprozession

Anfangs wurden die Gottesdienste in einem großen Zelt, bei schönem Wetter auch im Freien gefeiert. Dem Plan Prof. Dr. Zieglers, im Lager eine Kapelle zu bauen, trat die Lagerleitung nicht näher, obwohl Prof. Dr. Ziegler diese mit kirchlichen Mitteln errichten wollte. Stattdessen stellte der Kommandant eine Baracke für Gottesdienste zur Verfügung. In einem Nebenraum fand die Lagerbibliothek Platz. Die Ausstattung an Altären, Kultgeräten, Altarwäsche und Bänken wurde nach und nach mit Hilfe verschiedener Stellen angeschafft. Die gefangenen französischen Priester erhielten aus Frankreich kleine Messköfferchen mit allem Notwendigen, Künstler unter den Gefangenen malten die Bilder. Aufgrund eines Kurzschlusses in der Lagerbibliothek brannte am Sonntag, den 23.05.1943, die Kirchenbaracke aus, nur ein Teil des Inventars konnte gerettet werden.[134] Ein Höhepunkt des religiösen Lebens im Stalag war der Besuch des Apostolischen Nuntius in Deutschland, Cesare Orsenigo, Titularerzbischof von Ptolemais, am Sonntag, den 26.01.1941 - einer der wenigen Besuche des Nuntius in deutschen Gefangenenlagern überhaupt.[135] Die Kirchenbaracke war mit eigens für diesen Zweck gemalten Kreuzwegbildern ausgestattet und festlich geschmückt. Die Messe, angeblich auf besonderen Befehl Hitlers gestattet, begleiteten ein großer Gefangenenchor und ein Gefangenenorchester. Diese führten eine eigens komponierte Messe auf, die Messe de Captivite.[136]

Auf den Arbeitskommandos waren Gottesdienste nur zulässig, wenn nicht wegen dringender Aufgaben auch am Sonntag gearbeitet werden musste, ausreichend Wachleute zur Verfügung standen und ein Kontakt mit der deutschen Zivilbevölkerung ausgeschlossen war.[137]

Ab Mai 1941 war deutschen Geistlichen das Abhalten von Gottesdiensten für Kriegsgefangene fast vollständig verboten. Diese Aufgabe sollten so weit wie möglich gefangene Priester übernehmen.

Priester, die Gefangene betreuten, wurden streng überwacht. Predigten und Begräbnisreden unterlagen der Vorzensur des Abwehroffiziers des Lagers. An Gottesdiensten und Begräbnissen nahm ein Dolmetscher der Abwehrgruppe des

Gefangene während der Fronleichnamsprozession

Lagers teil. Für die Gottesdienste durften die Geistlichen nur die vom Oberkommando der Wehrmacht (OKW) genehmigten Predigt-Liturgie-Vorlagen verwenden. Bibeln, Gebetbücher und religiöse Schriften konnten nur an Gefangene verteilt werden, wenn dies vom OKW genehmigt worden war.[138]

Auch die im Verlauf des Krieges immer größer werdende Zahl von Gefangenen nicht-katholischer Konfessionen und anderer Religionen erhielt seelsorgerische Betreuung. Für die katholisch-ukrainischen Gefangenen feierten ein Pater aus München und ein im Lager angestellter Dolmetscher, der zugleich Priester war, Gottesdienst. Zeitweise befand sich auch ein serbischer Militärpfarrer im Lager, der in einem abgetrennten Teil einer Baracke einen Altar hatte. Der evangelische Stadtpfarrer von Freising kümmerte sich um die Protestanten, vor allem Briten und Amerikaner. Ein anglikanischer Geistlicher konnte in Begleitung eines Dolmetschers Arbeitskommandos besuchen und dort Gottesdienste halten. Die sowjetischen Gefangenen verfügten über eine eigene Kapelle, die sie mit heimischer Kunst ausgestaltet hatten. Moslems, Sikhs, Hindus und Kolonialsoldaten konnten ebenfalls ihre Religionen ausüben. Auch sie hatten eigene Betplätze. Im Lager gab es unter anderem buddhistische Priester und Brahmanen.[139]

Kulturelles Leben[140]

Die Lagerleitung versuchte, kulturelle Aktivitäten der Gefangenen zu unterstützen, um diese zu beschäftigen und ein wenig von ihrer Situation abzulenken. Besonders aktiv waren in dieser Hinsicht die französischen Gefangenen. Diese betrieben eine Theatergruppe und ein Orchester. Das Theater zeigte Stücke von Racine, Kleist, Moliere und Shaw, das Orchester beschäftigte sich mit Werken aller Epochen.

Im Jahr 1942 schufen französische Künstler unter Anleitung des französischen Bildhauers Antoniucci Voltigero (genannt Volti, 1915-1989) einen Gedenkstein zur Erinnerung an die Zeit im Lager. Dieser besteht aus vier Steintafeln, die die vier größten Flüsse Frankreichs (Loire, Rhone, Seine, Garonne) darstellen. Die Stadt Moosburg ließ aus diesen vier Tafeln im Jahr 1963 einen Brunnen gestalten und in der Neustadt aufstellen, zur Erinnerung an das Stalag VII A.

Die Franzosen gaben einmal pro Woche eine Lagerzeitung, „Trait d`union"[141] heraus, die Einblicke in das kulturelle Leben im Lager und eine ausführliche Sportberichterstattung bot. Diese Zeitung wurde sogar auf Außenkommandos verschickt. Französische Gefangene hatten auch eine Lageruniversität eingerichtet, deren Bibliothek 11.000 Bücher und

Gefangenenorchester

Zeitschriften umfasste, aber Opfer des oben geschilderten Barackenbrandes wurde. Der Vorlesungsbetrieb litt darunter, dass nur sehr eingeschränkt Räumlichkeiten zur Verfügung standen und dass Lernende und Lehrende immer wieder auf Arbeitskommandos verteilt wurden. Trotzdem erkannte die Pariser Universität Sorbonne nach dem Krieg Leistungsnachweise der Lagerhochschule an.

Aber auch die Gefangenen anderer Nationalitäten entfalteten kulturelle Aktivitäten. So unterhielten die Briten ein Orchester. Dessen Mitglieder waren sogar einheitlich gekleidet, mit Hemd und Fliege. Jugoslawen führten Theaterstücke auf, wobei sie über aufwändige Kulissen verfügten. Die sowjetischen Gefangenen boten Volkstänze und Volkslieder dar und zwar in einer ihrer Wohnbaracken. Für amerikanische Gefangene gab es Bildungsmöglichkeiten. Für sie wurden Kurse unter anderem in Buchhaltung, Mathematik, Spanisch, Französisch und Deutsch angeboten.

Standkonzerte und Freilichttheateraufführungen fanden immer wieder statt, auch Komiker traten auf. Generell fällt auf, dass die Theatergruppen auf erstaunlich reichhaltige Requisiten und Kostüme zurückgreifen konnten. Die notwendigen Materialien stellte teilweise das Internationale Komitee vom Roten Kreuz (IKRK) zur Verfügung.

Außerdem waren unter den Gefangenen Maler und Zeichner. Zahlreiche ihrer Werke, Porträts von Mitgefangenen, Szenen aus dem Leben im Lager sowie Karikaturen, haben sich erhalten. Die Gefangenen veranstalteten auch Ausstellungen von Bildern, Zeichnungen und Aquarellen sowie von detailreichen und liebevoll gebastelten Modellen, die Bauwerke oder Alltagssituationen aus der Heimat darstellten.

Im Gegensatz zu gefangenen Offizieren, die nicht arbeiten mussten, hatten die im Stalag gefangenen einfachen Soldaten neben ihren Arbeitseinsätzen nur bedingt Zeit und Energie für kulturelle Aktivitäten. Besonders trifft dies auf die sowjetischen Gefangenen zu, die ihre wenige Freizeit nutzten, um kleines Spielzeug zu basteln, das sie gegen Nahrungsmittel eintauschten.

Sport

Das OKW legte großen Wert auf sportliche Aktivitäten in den Lagern als körperliche Betätigung für diejenigen Gefangenen, die sich nicht im Arbeitseinsatz befanden.[142] Im Stalag VII A gab es ein erstaunlich reichhaltiges Sportangebot. Einen relativ großen Teil des Lagergeländes nahm der so genannte „Sport- und Spielplatz" ein. Hier spielten die Gefangenen unter anderem Fußball und Rugby. Außerdem haben sich zahlreiche Bilder erhalten, auf denen die Ausübung weiterer Sportarten dokumentiert ist. Es gab Tennis, wobei auffällt, dass die Gefangenen in richtiger Tennisbekleidung mit augenscheinlich hochwertigen Schlägern spielen. Dies lässt sich damit erklären, dass sich die westlichen Gefangenen auch

Wettlauf

Sportausrüstungen aus der Heimat schicken lassen konnten. Amerikanische Gefangene spielten Volleyball und Basketball. Außerdem organisierten sie sogar eine Baseballliga. Im Winter gab es auch die Möglichkeit zum Eislaufen. Schach war eine weitere beliebte Freizeitbeschäftigung, viele Bilder zeigen Gefangene, vertieft in das Spiel der Könige.

Im Stalag fanden auch Sportfeste mit Musik und Umzügen statt. Dabei wurden Boxkämpfe und Wettläufe abgehalten, die auf großes Interesse bei den Gefangenen stießen.[143]

Boxkampf

Medizinische Versorgung und Tod von Gefangenen

Welche medizinische Versorgung ein Lagerinsasse erhielt, hing von seiner Nationalität ab. Während westliche Gefangene eine relativ gute Behandlung erfuhren, gab es für sowjetische Soldaten zunächst kaum medizinische Betreuung. Erst als auch sowjetische Kriegsgefangene dringend für den Arbeitseinsatz benötigt wurden, richtete man ein Mindestmaß an medizinischer Versorgung für sie ein. Allerdings war ihr Standard deutlich geringer als bei den anderen Gefangenen und rein daran orientiert, die Arbeitskraft zu erhalten.

Dies wirkte sich auch auf die Sterberate aus, die bei den sowjetischen Gefangenen mit weitem Abstand am größten war.

Selbst im Tod waren die Gefangenen nicht gleich, was die je nach Nationalität unterschiedlichen Regelungen zur Bestattung belegen.

Medizinische Versorgung

Die wichtigste Funktion bei der medizinischen Versorgung der Gefangenen hatte der Lagerarzt. Er war, gleichsam als Amtsarzt, für Gesundheitspflege, Krankenversorgung, die hygienische Überwachung des Lagers und die Durchführung der damit zusammenhängenden Maßnahmen verantwortlich. Ihm unterstand, auch in disziplinarischer Hinsicht, das gesamte Sanitätspersonal des Lagers. Er überwachte sowohl die Lagerküche wie auch die Entlausungsaktionen, außerdem hatte er regelmäßig die Baracken zu inspizieren. Die Behandlung der Gefangenen in den Krankenrevieren und Lagerlazaretten übernahmen kriegsgefangene Ärzte und Sanitäter, der Lagerarzt übte lediglich die Aufsicht aus.[144]

Im Stalag gab es mehrere Krankenreviere. Dort kümmerten sich vor allem Sanitäter um leichtere Erkrankungen und Verletzungen. Ende 1940 existierten im Lager drei solcher Reviere, die täglich von 300 bis 600 Gefangenen aufgesucht wurden. Schwerere Fälle kamen ins Lagerlazarett. Dorthin brachte man auch diejenigen Gefangenen, die während des Arbeitseinsatzes außerhalb des Lagers schwerer erkrankt waren oder sich massiver verletzt hatten. Das Lazarett

des Lagers hatte etwa 1000 Betten und verfügte über eine moderne Ausrüstung. Sechs gefangene Ärzte, 16 Sanitäter und 50 Helfer behandelten die Patienten. Der Lagerarzt hatte drei weitere deutsche Ärzte unter sich. Außerdem kümmerten sich ein deutscher und ein französischer Zahnarzt um die Gefangenen. Generell gab es im Stalag keinen Mangel an medizinischem Personal. Ende 1940 befanden sich rund 2000 Ärzte und Sanitäter im Bereich von Stalag VII A. Das Lazarett nahm beinahe ein Viertel der Lagerfläche ein und war mit einem eigenen Stacheldrahtzaun vom übrigen Lager abgetrennt. Wiederum getrennt vom eigentlichen Lazarettgelände gab es einen kleinen Bereich mit Isolierbaracken für Infektionskrankheiten.[145]

Im Stalag eingesetzte Krankenschwestern

War eine Behandlung im Lagerlazarett nicht ausreichend, kamen die Gefangenen in ein Wehrmachtslazarett oder in eine Spezialklinik. Die Gefangenen aus Moosburg brachte man meist in das Reservelazarett (so wurden die Wehrmachtslazarette in der Heimat bezeichnet) auf dem Freisinger Domberg. Grundsätzlich sollten Gefangene und Wehrmachtssoldaten strikt voneinander getrennt behandelt werden. Nur in Notfällen, zum Beispiel bei akuten Erkrankungen oder Unfällen während des Arbeitseinsatzes oder falls ein Spezialist benötigt wurde, erhielten Gefangene in Krankenhäusern oder ambulant von Zivilärzten die notwendige medizinische Versorgung.[146]

Wegen der engen Belegung und der teilweise problematischen hygienischen Verhältnisse kam es relativ oft zu Hautkrankheiten wie Krätze, außerdem traten Infektionskrankheiten auf. Ebenso scheinen Leistenbrüche häufig vorgekommen zu sein, gab es doch detaillierte Anweisungen, wie diese zu behandeln seien. Das Lager hatte zeitweise mit Ruhr-, Fleckfieber- und Tuberkuloseepidemien zu kämpfen.[147]

Um Erkrankungen und Seuchen vorzubeugen, ordnete der Lagerarzt gegenüber Unternehmern, die Gefangene im Arbeitseinsatz beschäftigten, diverse Vorsichtsmaßnahmen an. So forderte er die Unternehmer auf, die Gefangenen ausreichend und abwechslungsreich zu ernähren. Das Küchenpersonal musste einmal jährlich eine Stuhlprobe bei der hygienischen Untersuchungsstelle des Wehrkreises VII einreichen. Außerdem wies er die Unternehmer darauf hin, genügend Möglichkeiten zur Körperpflege und zum Reinigen der Bekleidung bereitzustellen und auf peinlichste Sauberkeit sowie ausreichende Beheizung der Unterkünfte zu achten. Für den Fall, dass Ungeziefer auftrat, gab es genaue Anweisungen, wie dieses zu bekämpfen sei.[148]

War ein Gefangener erkrankt oder verletzt, sollten vor allem diejenigen Behandlungen durchgeführt werden, die der schnellen Wiederherstellung seiner Arbeitskraft dienten. Impfungen gegen TBC, Typhus und Paratyphus erfolgten in den Kriegsgefangenenlagern zum Beispiel erst, als man befürchtete, entsprechende Epidemien könnten den Arbeitseinsatz der Gefangenen verzögern oder behindern. Auch Zahnersatz konnte einem Gefangenen gewährt werden, aber nur, wenn die Arbeitsfähigkeit beeinträchtigt war und der Korpsarzt des Wehrkreiskommandos VII dies genehmigt hatte. Sehbehinderte Gefangene erhielten augenärztliche Betreuung und Brillen.[149]

Dass die Erhaltung der Arbeitskraft das vorwiegende Ziel der ärztlichen Behandlung war, wird besonders an der Situation der sowjetischen Gefangenen deutlich. Erst als diese dringend für den Arbeitseinsatz benötigt wurden, richtete man überhaupt eine einigermaßen effektive medizinische Betreuung für sie ein, wenn auch nur in beschränktem Umfang. Impfstoff gegen Tuberkulose, die ihren Ausgang in den „Russenlagern" hatte, wurde den sowjetischen Gefangenen zum Beispiel nicht zur Verfügung gestellt, obwohl sie die hauptsächlichen Opfer dieser Krankheit waren.[150]

Todesfälle unter den Gefangenen

Verstarben Gefangene im Lager, führten deutsche Ärzte eine Leichenschau durch und schickten den Totenschein mit Angabe der Todesursache an das Standesamt in Moosburg, das dann eine Sterbeurkunde ausstellte. Bei Todesfällen im Arbeitseinsatz war das Stalag zu informieren. Die Verwaltung des Stalag benachrichtigte dann die Wehrmachtsauskunftsstelle für Kriegsverluste und Kriegsgefangene in Berlin und das Internationale Komitee vom Roten Kreuz in Genf (außer bei den Todesfällen sowjetischer Gefangener). Diese Stellen wiederum informierten die Angehörigen. Bis kurz vor Kriegsende funktionierte dieses System, der letzte Totenschein ging bei der Stadt Moosburg am 23.04.1945 ein.[151]

Die Zahl der im Stalag Verstorbenen ist schwer zu ermitteln. Die offizielle Sterbefallliste des Stalag, in

Gräberfeld auf dem Kriegsgefangenen-Friedhof Oberreit

der bis auf den letzten Tag vor der Lagerbefreiung die Sterbefälle dokumentiert wurden, ist nach gegenwärtigem Kenntnisstand verschollen.[152] Es existieren zwar diverse Listen, diese differieren aber hinsichtlich der Zahlen erheblich. Eine chronologisch geführte Liste (1939 bis Mitte April 1945) nennt 860 Sterbefälle, eine alphabetische (01.09.1939 – 29.04.1945) 745 namentlich bekannte und 25 unbekannte Verstorbene. In einer Aufstellung vom 18.06.1946 sind 908 Todesfälle verzeichnet. Diese letzte Liste ist insofern problematisch, als dort auch Zivilisten aufgeführt sind.[153] Eine Liste von 1984 nennt die Zahl von 987 Bestattungen auf dem Kriegsgefangenenfriedhof Oberreit.[154] Unklar ist jedoch, ob alle diese Personen tatsächlich im Stalag verstorben sind. Es gibt Zeitzeugenberichte, wonach vor allem sowjetische Gefangene schon den Transport nach Moosburg nicht überlebten und dann in Oberreit begraben wurden. Außerdem bestattete man auf dem Kriegsgefangenenfriedhof auch Zivilisten und nach Auflösung des Lagers Verstorbene. Oberst Burger, Lagerkommandant von 1943-1945, nennt die Zahl von 917 im Stalag verstorbener Gefangener, davon 700 sowjetische Soldaten, von denen 400 bald nach der Ankunft im Lager verstarben. Zur Zahl von 917 sind nach Burger noch 300 bei Fliegerangriffen außerhalb des Lagers getötete Gefangene zu addieren.[155]

Eines lässt sich jedoch aus allen Listen ablesen: Wenn man die Zahlen nach Nationalität und Todesursachen aufschlüsselt, wird die katastrophale Situation der sowjetischen Gefangenen deutlich.

So starben 29 britische[156] und 11 amerikanische Gefangene[157], während in Oberreit etwa 700[158] sowjetische Gefangene bestattet wurden, deren Namen teilweise unbekannt sind. Außerdem kamen im Lager unter anderem 48 Franzosen[159], 22 Italiener[160] und 17 Polen ums Leben. Die Zahl der verstorbenen Jugoslawen schwankt je nach Liste zwischen 42 und 58.[161]

Auch die Todesursachen zeigen deutlich die unterschiedlichen Lebensbedingungen der verschiedenen Gefangenengruppen. Von den britischen Gefangenen starben sechs im Jahr 1943, zehn im Jahr 1944 und 13 im Jahr 1945. Die Todesursachen sind unterschiedlich: Tuberkulose, Scharlach, Krebserkrankungen, Kreislaufversagen, Diphterie, Schussverletzungen und Selbstmord. Einer starb nach dem Genuss von Brennspiritus. Drei Briten wurden am 13.03.1945 bei Marzling durch „Bordwaffenbeschuss" getötet. Es ist davon auszugehen, dass sie von alliierten Tieffliegern aus beschossen wurden, deren Piloten die Gefangenen nicht als solche erkannten.[162] Die Todesursachen der elf verstorbenen amerikanischen Soldaten sind ähnlich: Selbstmord, Gelbsucht, Diphterie (mehrfach), Hirnhautentzündung und allgemeine Schwäche. Ein Gefangener wurde bei einem Fluchtversuch erschossen, bei einem anderen liegt diese Vermutung nahe, da er an einem Kopfschuss verstarb.[163]

Prof. Dr. Ziegler, der Gefangene als Seelsorger betreute und ebenfalls Sterbefalllisten führte, berichtet, dass es 1942 viele Todesfälle gab. So habe ab August ein großes Sterben begonnen, hauptsächlich unter den sowjetischen Gefangenen. Diese erlagen meist der Ruhr, allgemeiner Erschöpfung und Tuberkulose. Im Jahr 1944 mehrten sich die Fälle von Fleckfieber und Tuberkulose. Die Todesursachen der sowjetischen Soldaten lassen sich daher meist auf schlechte Ernährung, mangelhafte hygienische Verhältnisse und ungenügende medizinische Versorgung zurückführen.[164]

Besonders dramatisch sind diese Erkenntnisse, wenn man bedenkt, dass die sowjetischen Gefangenen in Moosburg noch vergleichsweise gut behandelt wurden, da sie ganz gezielt ins Reichsgebiet gebracht worden waren, um Zwangsarbeit zu leisten, also ein gewisses Interesse an der Erhaltung ihrer Arbeitskraft bestand. Die Situation in Moosburg unterschied sich daher erheblich von der in den Lagern für sowjetische Soldaten hauptsächlich im Osten im Sommer und Herbst 1941, in denen zehntausende gefangener Rotarmisten starben.[165] Auch in den Lagern im Reichsgebiet war die Lage teilweise katastrophal. Im Stalag XI C (Bergen-Belsen) starben alleine im Januar 1942 3.472 von den rund 22.000 bis Ende 1941 eingelieferten sowjetischen Gefangenen.[166]

Dass auch italienische Gefangene relativ schlecht behandelt wurden, zeigt sich daran, dass bei fast allen verstorbenen Italienern Tuberkulose als Todesursache angegeben ist.[167]

Bestattung von Gefangenen

Die Bestattung der Gefangenen lief, je nach Nationalität, nach völlig unterschiedlichen Regeln ab. In einem Merkblatt des Stalag vom 01.10.1942 waren die Abläufe von Beerdigungen genau festgelegt. An der Bestattung eines Gefangenen durften bis zu 30 Mitglieder seines Arbeitskommandos unter ausreichender Bewachung teilnehmen, jedoch keine Zivilisten. Bei britischen, französischen und jugoslawischen Gefangenen stellte die Wehrmacht ein Ehrengeleit. Von diesen Beerdigungsfeierlichkeiten sollten Bilder angefertigt werden, die dann das OKW (Oberkommando der Wehrmacht) propagandistisch nutzen konnte. Sonderregelungen galten für polnische und sowjetische Gefangene. Eine Ehrenabordnung wurde nicht gestellt, kein Salut geschossen und von deutscher Seite kein Kranz niedergelegt. Kränze von Gefangenen durften nur weiße oder schwarze Schleifen haben, nicht in den Landesfarben. Für sowjetische Gefangene war darüber hinaus festgelegt, dass die Beisetzung unauffällig und in schlichter Form vorzunehmen sei. Geistliche konnten sich beteiligen, wenn sie dem gleichen Kriegsgefangenenlager angehörten. Bei Muslimen durften, wenn dies ohne besonderen Aufwand möglich war, „Religionsdiener" herangezogen werden. Leichen von Muslimen waren mit dem Kopf nach Osten, Gesicht nach Süden gekehrt (Richtung Mekka) zu beerdigen.[168]

Nach anderen Vorschriften sollte die Beisetzung sowjetischer Gefangener ohne Kleidung erfolgen, soweit diese noch verwendbar war. Statt in Särgen mussten die Leichen in Papierhüllen oder Ähnlichem beerdigt werden. Ab März 1943 hatte die Bestattung in Teer-, Öl-, oder Asphaltpapier zu erfolgen.[169]

In den ersten Kriegsjahren wurden Gefangene im jeweils nächstgelegenen Friedhof beigesetzt, so auch in Moosburg. Im Lazarett in Freising Verstorbene bestattete man im Friedhof St. Georg in Freising. Als dann nach dem Eintreffen der sowjetischen Gefangenen die Sterbezahlen massiv in die Höhe schnellten, legte das Reichsinnenministerium im Oktober 1941 fest, dass die Gemeinden sowjetische Gefangene in Gemeinschaftsgräbern beisetzen sollten.

Verbrennung vom Mahtab Singh nach hinduistischem Ritus

Die Begräbnisstätten mussten sich an „entlegenen Orten" befinden, ein Schmuck der Gräber war verboten.[170]

Entsprechend dieser Neuregelung wurden ab Herbst 1941 die im Stalag Verstorbenen auf einem eigenen Friedhof in Oberreit beerdigt, wobei es Abteilungen für jede Nation gab. Die im Moosburger Friedhof beigesetzten Gefangenen bettete man auf den Friedhof in Oberreit um. Nach dem Krieg wurden der Friedhof in Oberreit aufgelassen und die Gefangenen auf zentralen Soldatenfriedhöfen erneut bestattet.[171]

Grundsätzlich war für die Gefangenen die Erdbestattung vorgeschrieben. Es gab aber im Stalag auch eine Ausnahme: Am 01.12.1944 verstarb im Lagerlazarett der britisch-indische Gefangene Mahtab Singh an Tuberkulose. Gemäß seinem Wunsch wurde er mit einer Ausnahmegenehmigung des OKW in einer Kiesgrube nördlich des Lagers verbrannt und seine Asche in einen Bach gestreut.[172]

Aussonderung sowjetischer Gefangener

Sowjetische Gefangene wurden in vielen Bereichen wie Ernährung, Ausstattung mit Kleidung oder medizinischer Versorgung deutlich schlechter behandelt als andere Gruppen von Gefangenen. Sie waren weitgehend rechtlos. Die deutschen Dienststellen wandten die Genfer Konvention auf sie nicht an.[173] Für die sowjetischen Soldaten war die Gefangenschaft daher, im Gegensatz zu den Gefangenen aus westlichen Ländern, ein Kampf ums Überleben.

Die Aussonderungen in den Kriegsgefangenenlagern 1941/1942

Eine der größten Gefahren ging jedoch von den so genannten Aussonderungen vor allem im Herbst/Winter 1941/1942 aus. Es handelt sich dabei um die gezielte Tötung von sowjetischen Gefangenen, die die deutsche Führung gemäß der nationalsozialistischen Ideologie für „untragbar" hielt. Darunter verstand man „kommunistische Agitatoren", „Aufwiegler" sogenannte „Intelligenzler", unheilbar Kranke und Juden.

Die Aussonderungen hatten folgenden Hintergrund: Vor dem Angriff auf die Sowjetunion hatte das Oberkommando der Wehrmacht (OKW) den so genannten „Kommissarbefehl" erlassen, der besagte, dass die Politoffiziere der sowjetischen Armee noch auf dem Gefechtsfeld zu exekutieren seien. Dieser Befehl wurde jedoch nicht an alle Einheiten weitergegeben und auch nicht überall befolgt.

Als im Spätsommer 1941 die ersten sowjetischen Gefangenen nach Deutschland kamen, um dort Zwangsarbeit zu leisten, befürchtete die deutsche Führung, dass Funktionäre unter den gefangenen Sowjetsoldaten kommunistische Propaganda unter der Zivilbevölkerung betreiben könnten. Dies war der Anlass dafür, dass die Gestapo den Auftrag erhielt, in den Stalags und den Außenlagern nach „untragbaren" sowjetischen Soldaten zu suchen und diese im nächstgelegenen KZ zu erschießen. Man schätzt, dass der Gestapo in diesem Zusammenhang etwa 38.000 sowjetische Gefangene zum Opfer fielen.[174]

Die Aussonderungen in Stalag VII A

Im Stalag VII A Moosburg kam es zum einzigen nachgewiesenen Fall, dass mehrere Wehrmachtsoffiziere, nämlich Angehörige der Lagerleitung und des stellvertretenden Generalkommandos VII, gemeinsam und systematisch der Gestapo Widerstand leisteten.[175] Der Vorgang war schon mehrfach Gegenstand der historischen Forschung[176] und ist gut dokumentiert. Nach dem Krieg konnten nämlich die Akten der Gestapo sichergestellt werden (sie fanden Verwendung im Nürnberger Prozess gegen die Hauptkriegsverbrecher).[177] Außerdem kam es 1950 zu einem Ermittlungsverfahren gegen die beteiligten Gestapo-Beamten. Dieses verlief zwar ergebnislos, weil ein Teil der Hauptverantwortlichen bereits verstorben war und gleichzeitig die Ermittlungen relativ oberflächlich und lustlos geführt wurden, brachte aber wichtige Erkenntnisse zu den Abläufen. Dabei sagten die beteiligten Offiziere und Wehrmachtsdolmetscher als Zeugen aus.[178]

Vor allem die Gestapo-Akten liefern ein unverfälschtes Bild, da sie direkt während der Vorgänge entstanden sind. Die Zeugenaussagen ergänzen dieses Bild, auch wenn die Beteiligten Einzelheiten und Abläufe der damals schon acht Jahre zurückliegenden Ereignisse teilweise verwechseln. Die Angaben der Wehrmachtsangehörigen sind verlässlich, da sie sich weitgehend untereinander und mit den Informationen aus den Gestapo-Akten decken.

Aus diesen Quellen ergibt sich, dass die Wehrmachtsoffiziere zunächst die Aussonderungsaktion der Gestapo nicht unterstützten und sie später regelrecht sabotierten und hintertrieben, wobei sie jedoch nur eingeschränkt erfolgreich waren. Die Auseinandersetzung zwischen Wehrmacht und Gestapo verlief, vereinfacht dargestellt, in mehreren Phasen und Eskalationsstufen ab.

1. Phase: Lagerleitung und Wehrkreiskommando verweigern die Zusammenarbeit mit der Gestapo

Im August 1941 kamen die ersten sowjetischen Gefangenen in Moosburg an. Am 01. September 1941 waren im Bereich von Stalag VII A 4003 Rotarmisten, am 01.Oktober 1941 bereits 4916 sowjetische Soldaten registriert.[179] Die meisten dieser Gefangenen, viele im Alter von 16 bis Ende 20, befanden sich im Stalag selbst und waren dort in einem abgetrennten Areal, dem „Russenlager", untergebracht.[180] Im September 1941 fragte ein Beamter der Gestapo-Stelle München beim stellvertretenden Generalkommando VII an, ob diese Gefangenen schon überprüft seien. Die zuständigen Offiziere bejahten dies, wahrscheinlich bewusst wahrheitswidrig.[181] Die Gestapo brachte jedoch in Erfahrung, dass dem nicht so war[182] und bat um eine persönliche Rücksprache mit dem zuständigen Sachbearbeiter beim stellvertretenden Generalkommando VII, Major Meinel. Dieser lehnte ein Treffen ab und verwies auf den Kommandanten von Stalag VII A, Oberst Nepf und den dortigen Abwehroffizier, Hauptmann Hörmann.[183] Oberst Nepf und Hauptmann Hörmann weigerten sich jedoch, mit der Gestapo zusammenzuarbeiten. Sie lehnten den Wunsch, eine Verwaltungsbaracke für Vernehmungen zur Verfügung zu stellen, ab und verwiesen die Beamten auf das „Russenlager", angesichts der dort herrschenden Zustände an sich schon ein Affront. Hauptmann Hörmann gab auch keine Informationen preis, die der Gestapo die Aussonderung erleichtert hätten.[184] Das Einsatzkommando aus fünf Gestapo-Beamten begann dann am 29. September auf eigene Faust mit den Überprüfungen,[185] wobei Wehrmachtsdolmetscher im Auftrag von Hauptmann Hörmann übersetzten. Dieser setzte die Dolmetscher ganz gezielt ein, um so einen Einblick in die Tätigkeit der Gestapo erhalten.[186]

Ablauf der Überprüfungen

Die Aussagen der Wehrmachtsdolmetscher lassen nachvollziehen, wie die Aussonderung der Gefangenen ablief. Die Gestapo hatte Listen mit den Namen von Personen, die als sowjetische Funktionäre oder als Mitglieder der sowjetischen „Intelligenz" galten. Diese Listen waren jedoch völlig veraltet und beruhten teilweise auf falschem Datenmaterial. Sie waren daher unbrauchbar. Um überhaupt Erfolg zu haben, mussten die Kommandos der Gestapo daher nach eigenen Kriterien vorgehen. Besonders mit dem Begriff „Intelligenzler" konnten die Beamten offenbar wenig anfangen. Um in diese Kategorie eingestuft zu werden, konnte bereits der Besuch einer zehnjährigen Schule oder die Tätigkeit als Postschaffner, Lehrer, Schneider oder Schuster (!) ausreichen. Gleichzeitig mussten wenige Beamte in kurzer Zeit tausende Gefangene überprüfen. So wurden in Moosburg und den zugehörigen Außenlagern vom 29. September 1941 bis zum 15. November 1941 3088 Gefangene „vernommen", bis zu 300 pro Tag. Um diese große Zahl überhaupt bewältigen zu können, nahmen sich die Beamten für die einzelnen Befragungen nur wenige Minuten Zeit. Sie stützten sich zum Teil auf Informanten, Denunziation und Bestechung mit Nahrungsmitteln und Zigaretten. In einigen Fällen kam es auch zum Einsatz körperlicher Gewalt. Die Wehrmachtsdolmetscher hatten teilweise den Eindruck, dass es nur darum ging, eine möglichst große Zahl von Gefangenen auszusondern.[187]

Von den 3088 überprüften Gefangenen sonderte das Einsatzkommando der Gestapo 410 Gefangene aus (darunter 3 Funktionäre und Offiziere, 25 Juden, 69 Intelligenzler, 146 fanatische Kommunisten, 85 Hetzer und Aufwiegler und 47 unheilbar Kranke).[188] Die Gestapo forderte nun Oberst Nepf auf, diese Gefangenen herauszugeben, damit sie in mehreren Gruppen ins KZ Dachau transportiert werden konnten. Nepf und Hörmann hatten zwar vom OKW Anweisungen zur Aussonderung erhalten, aber keine Informationen, was mit den Ausgesonderten geschehen sollte. Sie übergaben daher zunächst die Betroffenen an die Gestapo, die die Gefangenen nach Dachau brachte.[189]

Zeugenbericht von den Erschießungen in Dachau

Als die den ersten Transport bewachenden Landesschützen nach ihrer Rückkehr berichteten, dass die Gefangenen alle erschossen worden waren, ließen Nepf und Hörmann den nächsten Transport von einem als Dolmetscher eingesetzten Studenten begleiten, um die Darstellung der Landesschützen zu überprüfen.[190] Dieser gab nach Kriegsende als Zeuge im oben genannten Ermittlungsverfahren von den Vorgängen Folgendes zu Protokoll:

„Die Gefangenen wurden auf einen Schießplatz mit zwei Schießfluchten gebracht. [...] In eine dieser Schießfluchten fuhren die LKW mit den russischen Kriegsgefangenen rückwärts hinein. Die Kriegsgefangenen mussten aus dem LKW herausspringen und sich in der Flucht in der Reihe von 5 Personen aufstellen. Darnach wurde die Anordnung gegeben, dass sich alle Kriegsgefangenen nackt ausziehen mussten. [...]. Die russischen Kriegsgefangenen merkten in dem Zeitpunkt, wo sie sich entkleiden mussten, was mit ihnen geschehen sollte. Die Reaktion darauf war bei ihnen sehr verschieden. Eine Anzahl führte den Befehl schweigend aus, und stand wie gelähmt dort, andere sträubten sich, fingen an zu weinen und zu schreien [...]. Nach kurzer Zeit begann die Exekution der Kriegsgefangenen. Eine Gruppe von 5 SS-Leuten fasste je einen Kriegsgefangenen bei der Hand und führte diesen im Laufschritt aus der einen Schießflucht in die andere hinein, um sie an die im vorderen Teil der Schießflucht befindlichen etwa 1m hohen Holzpflöcke anzubinden. [...]. Darauf entfernten sich die SS-Leute und es stellte sich in einer Entfernung von etwa 15m eine Gruppe von meines Wissens 20 bewaffneten SS-Leuten auf. Auf ein Kommando feuerte jeder dieser SS-Leute einen Schuss ab. Ein großer Teil der 5 Gefangenen sank sofort aber langsam zu Boden. Wenn einer noch stehen blieb, lief der Leiter des Kommandos nach vorne und gab dem betreffenden Gefangenen einen Genickschuss. Dann trat das Exekutionskommando beiseite und es fuhr eine weitere Gruppe von SS-Leuten zu den erschossenen Gefangenen, um diese auf einen Rollwagen zu verladen. Man fuhr dann die Leichen aus der Schießflucht heraus und warf sie auf einen Haufen" [191]

2. Phase: Der Konflikt mit der Gestapo

Bis dahin hatten die beteiligten Offiziere die Gestapo nur nicht unterstützt, jetzt begannen sie aktiv, gegen die Aussonderungen vorzugehen. Sie unterscheiden sich damit von den meisten anderen für sowjetische Gefangene zuständigen Wehrmachtsangehörigen, die sich für das Schicksal der Ausgesonderten nicht weiter interessierten und die Tatsache, dass diese exekutiert wurden, einfach zur Kenntnis nahmen.[192]

Oberst Nepf und Hauptmann Hörmann lehnten es nun nämlich ab, der Gestapo weiter beim Transport der Gefangenen behilflich zu sein und verweigerten Transportmittel. Hörmann untersagte den Wachsoldaten, Fluchtversuche oder Ähnliches des Gestapo zu melden. Er informierte außerdem Major Meinel von den Vorgängen. Dieser schaltete seinen Vorgesetzten, Generalmajor v. Saur, ein.[193]

Meinel und v. Saur hatten bereits eine Inspektionsreise in den Außenlagern durchgeführt, um sich über die Art der Befragungen durch die Gestapo zu informieren. Sie hatten dabei festgestellt, dass Gefangene von der Gestapo bei den Vernehmungen auch misshandelt worden waren.[194]

Meinel und Hörmann kritisierten, dass die Gestapo ihre Überprüfungen oberflächlich durchführe und außerdem die Gefangenen entgegen allen Völkerrechts in Dachau erschossen würden. Major Meinel verfasste einen scharf formulierten Protest. Darin warf er dem Einsatzkommando oberflächliches Arbeiten vor - ein geschickter Schachzug, da nun die Gestapo-Beamten fachlich, in ihrer Kompetenz angegriffen waren und unter Rechtfertigungsdruck gerieten. V. Saur unterschrieb diesen Protest und schickte ihn an den ranghöchsten für Kriegsgefangene zuständigen deutschen Wehrmachtsoffizier, General Reinecke. Dieser leitete ihn an das Reichssicherheitshauptamt (RSHA) weiter, die vorgesetzte Dienststelle der Gestapo.[195] Von dort wurde die Gestapo-Stelle München aufgefordert, in Zukunft die Aussonderungen streng nach Vorschrift durchzuführen und die Sache im Einvernehmen mit dem Kommandeur der Kriegsgefangenen im Wehrkreis VII zu bereinigen.[196]

Die Gestapo-Beamten reagierten gekränkt. Das Verfahren sei streng nach Vorschrift abgewickelt worden, unter anderem habe man für jeden Gefangenen ein Formblatt angelegt. Außerdem beschwerten sie sich über Meinel als jemanden, der sich der nationalsozialistischen Weltanschauung gegenüber gewissermaßen ablehnend verhalte. Des Weiteren versuchten sie, die Ablösung Hauptmann Hörmanns zu erreichen.[197]

Ein Gespräch der Gestapo mit den Offizieren des Generalkommando VII zur Klärung der Situation verlief ergebnislos. V. Saur verwies auf Meinel, der jedoch auf seiner Position beharrte und unter anderem erklärte, dass vom soldatischen Standpunkt aus das Verfahren nicht zu billigen sei, da die Gefangenen einfach erschossen würden. Außerdem würden die sowjetischen Soldaten zum Arbeitseinsatz benötigt. Schließlich bestehe die Gefahr, dass die sowjetische Führung von diesen Vorgängen erfahre und dann deutsche Soldaten genauso behandele.[198]

3. Phase: Sabotage der Aussonderungen durch Lagerleitung und Wehrkreiskommando

Bis zum 22. November 1941 hatte das Einsatzkommando der Gestapo in Moosburg 455 Gefangene ausgesondert. Von diesen waren 267 nach Dachau gebracht und auf dem Schießplatz Hebertshausen (heute Gedenkstätte) ermordet worden.[199]

Als sie dies erfahren hatten, verweigerten die beteiligten Offiziere die Herausgabe der restlichen 188 ausgesonderten Gefangenen.[200]

Im Stalag ignorierte man zunächst einfach das Ersuchen, die Gefangenen der Gestapo auszuliefern und nach Dachau zu transportieren. Eine erneute Anfrage der Gestapo im Januar 1942 sandte die Lagerleitung an das stellvertretende Generalkommando. V. Saur verweigerte die Herausgabe, verwies auf die Arbeitsmarktlage und verlangte, die Gefangen erneut zu überprüfen.[201] Auch die für den niederbayerischen Teil des Wehrkreises VII zuständige Gestapo-Stelle Regensburg erfuhr nun, dass von den 278 von ihr Ausgesonderten nur 34 nach Dachau gebracht worden waren. Ein Beamter der Gestapo-Stelle Regensburg besprach sich nun mit Major Meinel, hatte aber ebenfalls keinen Erfolg. Er berichtete, er habe den Eindruck gewonnen, Meinel gehe es nicht nur um die Arbeitskräfte an sich, sondern auch darum, der Gestapo zu trotzen.[202]

Dabei stärkte ein Befehl Hitlers die Position der Offiziere.

Im Dezember 1941 hatte nämlich der Führer angeordnet, dass sowjetische Gefangene verstärkt zum Arbeitseinsatz heranzuziehen seien – eine Anordnung, die in gewissem Widerspruch zu den Aussonderungen stand.[203]

Beide Seiten suchten nun Verbündete. V. Saur kontaktierte das Landesarbeitsamt Bayern und wies auf die Bedeutung der sowjetischen Gefangenen für den Arbeitseinsatz hin. Das Landesarbeitsamt intervenierte seinerseits beim RSHA. Die Gestapo wiederum wandte sich an Gauleiter Wagner und erhielt von dort Rückendeckung.[204] Die Situation eskalierte weiter, als bekannt wurde, dass am 07. Januar 1942 die ausgesonderten sowjetischen Soldaten von ihren bisherigen Arbeitskommandos abgezogen und auf neu eingerichtete Arbeitskommandos verteilt worden waren.[205] Damit hatten die Wehrmachtsoffiziere ganz bewusst und gezielt die Tätigkeit der Gestapo sabotiert. Nepf, Hörmann, v. Saur und Meinel waren bei ihrem Widerstand weiter gegangen als andere für sowjetische Gefangene zuständige Offiziere der Wehrmacht.

Das Ende des Konflikts und die Folgen für die beteiligten Offiziere

Die Gestapo-Stelle in München bat nun das RSHA, beim OKW darauf zu dringen, dass die Gefangenen übergeben wurden.[206] Im Februar 1942 kam es dann in Berlin zu einem Kompromiss zwischen OKW und RSHA: Alle im Lager befindlichen ausgesonderten Gefangenen waren herauszugeben. Gefangene auf Arbeitskommandos sollten ein zweites Mal überprüft werden. Die ausgesonderten Gefangenen wurden ins KZ Buchenwald gebracht und von der Gestapo-Stelle Weimar erneut überprüft. 120 Gefangene wurden vorerst nicht erschossen, einige erlebten sogar die Befreiung des KZ im April 1945.[207] V. Saur hatte das Stalag VII A noch angewiesen, auf einem Formblatt für die Gestapo-Stelle Weimar und das KZ Buchenwald die Erfahrungen mit den Gefangenen im Arbeitseinsatz unter Beifügung eines kurzen Berichts des jeweiligen (Arbeits-) Kommandoführers zu jedem einzelnen Gefangenen anzugeben. Er hoffte, damit die Entscheidungen der Gestapo-Beamten positiv zu beeinflussen.[208]

Ehemaliger SS-Schießplatz Hebertshausen, heute Gedenkstätte

Tafeln mit Namen von Erschossenen als Teil der Gedenkstätte ehemaliger „SS-Schießplatz Hebertshausen"

Die Folgen der Angelegenheit für die beteiligten Offiziere blieben überschaubar: Oberst Nepf und Hauptmann Hörmann blieben auf ihren Posten, auch wenn letzterer von General Reinecke bei einem Inspektionsbesuch in Moosburg eine Art mündlichen Verweis erhielt.[209] Generalmajor v. Saur reichte seinen Abschied ein, wurde jedoch zum 01. August 1942, befördert zum Generalleutnant, zur Reserve versetzt.[210] Major Meinel wurde Kommandant eines Stalags in Litauen und kurze Zeit später zum Oberstleutnant ernannt.[211]

Die Motive der Offiziere

Was hat die vier Offiziere bewogen, die Aussonderung durch die Gestapo zunächst nicht zu unterstützen, später dann gezielt zu sabotieren?

Wahrscheinlich liegt hier ein Bündel verschiedener Motive vor. Das Argument von der Notwendigkeit der Gefangenen für den Arbeitseinsatz war wohl vorgeschoben, vielleicht als Argument, das die Gestapo als einziges akzeptieren würde.

Zunächst, bis zur sicheren Erkenntnis, dass die ausgelieferten Gefangenen ermordet wurden, ging es wohl weniger um die Maßnahme an sich. Die Aussagen einiger Offiziere nach dem Krieg lassen darauf schließen, dass sie eine Absonderung von als problematisch eingestuften Gefangenen nicht generell ablehnten. Sie verstanden darunter zunächst die Trennung dieser Gruppe von den anderen Gefangenen, nicht deren Ermordung.[212] In diesem Stadium waren sie wohl eher in ihrem Stolz als Offiziere getroffen. Die beteiligten Offiziere waren meist schon 60 Jahre oder älter.[213] Das heißt, sie waren im Militär der Kaiserzeit ausgebildet worden und hatten dort einen erheblichen Teil ihrer Dienstzeit verbracht. Sie sahen es als Affront und intolerabel an, wenn in ihrem Zuständigkeitsbereich Zivilisten, hier die Gestapo, Entscheidungen traf, auf die sie keinen Einfluss hatten. So berichtet der oben zitierte Dolmetscher, Hauptmann Hörmann sei zu Beginn der Überprüfungen die Verärgerung anzumerken gewesen, dass sich eine fremde Gruppe in die Belange des Stalag einmischen wolle.[214] Hörmann seinerseits spricht davon, dass Oberst Nepf gegenüber dem Generalkommando angab, dass ihm die Zusammenarbeit mit Partei oder Gestapo gegen die militärische Ehre ging, er bezeichnet Nepf als „Antinationalsozialist von reinstem Wasser".[215] Dies wirkte sich dann auch aus, als feststand, dass die sowjetischen Gefangenen exekutiert wurden. Es widersprach ihrem Ehrenkodex als Offiziere, wehrlose Gefangene zu erschießen. Entscheidend dürfte in diesem Stadium jedoch die Angst gewesen sein, was mit deutschen Gefangenen in sowjetischer Hand geschehen würde, wenn die sowjetische Führung von den Erschießungen erfahren sollte. Dieser Einwand wurde von Wehrmachtsoffizieren auch gegen den Kommissarbefehl vorgebracht. Auch Major Meinel hat dies gegenüber der Gestapo geäußert.

Letztlich gaben aber die beteiligten Offiziere klein bei. V. Saur und Meinel versuchten zwar, an höherer Stelle Protest einzulegen, bis hin zum ranghöchsten Offizier der Wehrmacht für das Kriegsgefangenenwesen, beugten sich aber wie Nepf und Hörmann dem Druck ihrer Vorgesetzten. Der Grund, warum v. Saur, Nepf, Meinel und Hörmann schließlich doch weitgehend einknickten und einen als unrechtmäßig erkannten Befehl befolgten, dürfte wohl auch an ihrer Situation als alt gediente Offiziere liegen. Für sie war es das äußerste, innerhalb der Befehlskette bei Vorgesetzten Bedenken gegen einen Befehl anzumelden. Offen einen auch als rechtswidrig erkannten Befehl zu verweigern, war für diese Offiziere alter Schule schlicht undenkbar. Aus ihren Zeugenaussagen geht hervor, dass sie diese Möglichkeit gar nicht ins Kalkül zogen.[216]

Flucht und Widerstand

Fluchten und Fluchtversuche

Ein ständiges Problem für die Stalags, die Arbeitskommandos und die Außenlager waren Fluchten und Fluchtversuche von Gefangenen. So hatten bis August 1942 reichsweit schon fast 78.000 Gefangene versucht zu fliehen. Die meisten konnten wieder ergriffen werden, allerdings bedeutete die Fahndung nach Entflohenen einen großen Aufwand für Militär, Gendarmerie und Polizei.[217] Immer wieder ergingen während des Krieges detaillierte Anweisungen an die diversen zivilen und militärischen Dienststellen, wie nach geflohenen Gefangenen zu fahnden sei und wie die diversen Behörden dabei zusammenarbeiten sollten.[218]

Im Laufe des Krieges stieg die Zahl der versuchten und gelungenen Fluchten, unter anderem deswegen, weil immer weniger Bewachungspersonal zur Verfügung stand. Dies betraf vor allem die Arbeitskommandos.[219] Die Verpflichtung von Zivilisten als zusätzliche Hilfswachmannschaften hatte keinen durchschlagenden Erfolg.[220]

Die Führung des Deutschen Reiches betrachtete entflohene Gefangene als erhebliche Gefahr. Am 17.01.1942 verfügte man die Aufstellung der so genannten „Landwacht". Diese sollte die Landbevölkerung vor entwichenen Gefangenen schützen, helfen, diese zu ergreifen und dabei die Polizei entlasten. Im Bereich jedes Gendarmeriepostens wurde sodann ein Landwachtposten aufgestellt. Die Landwachtmänner rekrutierte man bevorzugt aus Partei, SS und SA. Der Dienst war ehrenamtlich, die Bewaffnung sollten die Landwachtmänner aus Privatbesitz aufbringen. In Moosburg wurde keine Landwacht eingerichtet. Der Moosburger Bürgermeister notierte auf dem entsprechenden Schreiben am 09. Februar 1942, dass die Aufstellung einer Landwacht für Moosburg nicht zutreffen dürfte, für das Gefangenenlager stehe die Wehrmacht zur Verfügung.[221]

Zuständige Dienststelle der Lagerkommandantur für die Verhinderung von Flucht und Sabotage war die Gruppe Abwehr unter der Leitung des Abwehroffiziers. Er verfügte zur Erfüllung seiner Aufgaben über umfangreiche Kompetenzen.[222] Im Stalag scheint die Abwehr, ob über Postüberwachung oder Spitzel, intensiv nach Fluchtplänen geforscht zu haben. So teilte die Lagerleitung am 07.07.1942 dem städtischen Baubüro mit, dass sich einer der beiden dort beschäftigten Gefangenen mit Fluchtgedanken trage.[223] Besonders fluchtträchtig waren die Nächte von Freitag bis Montag und über einen Feiertag, da hier weniger Wachen zur Verfügung standen. Oberst Burger sah sich daher 1943 gezwungen, umfangreiche Anweisungen an das Wachpersonal zu erlassen. Zunächst mahnte er an den oben genannten Tagen erhöhte Wachsamkeit an. In den Nächten von Freitag bis Montag und über Feiertage waren neben der normalen Bewachung umfangreiche Sondermaßnahmen

Als Frau verkleideter, geflohener Gefangener nach seinem Wiederaufgriff

durchzuführen: in allen Kommandos zwischen 21 und 22 Uhr mindestens ein Zähl- und Identitätsappell, zwischen 23 und 5 Uhr mindestens eine Nachtkontrolle in allen Unterkunftsräumen und zwar unregelmäßig. An Samstagnachmittagen, Sonn- und Feiertagen waren außerdem Außenstreifen zu absolvieren. Vorgesetzte sollten in der Nacht die Wachkommandos selbst kontrollieren. Wichtige Feststellungen mussten die Wachen sofort an die vorgesetzte Stelle und das Stalag melden, die Zusammenarbeit mit Polizei, sonstigen staatlichen Stellen und Parteidienststellen „ist selbstverständliche Pflicht". Außerdem legte man großen Wert auf detaillierte und schnelle Fluchtmeldungen.[224]

Auf flüchtende Gefangene durften die Wachmannschaften, nach entsprechender Androhung, auch schießen. Bei sowjetischen Soldaten war eine Warnung nicht vorgeschrieben.[225] Allerdings mussten sich die Wachmannschaften bei der Erschießung von Gefangenen rechtfertigen. Die Soldaten hatten Meldung an die Gendarmerie zu machen und das Kriegsgericht der Division zu benachrichtigen. Auch der Dienstvorgesetzte musste Stellung nehmen. Außerdem war eine Leichenschau durchzuführen. Erst wenn das Gericht die Leiche frei gab, durfte diese bestattet werden.[226]

Im Bereich des Stalag VII A kamen monatlich 150-200 Fluchtversuche vor, von denen 10% gelangen. 60-70% der Flüchtigen kamen zurück ins Lager, die anderen, fast ausschließlich sowjetische Soldaten, wurden von der Kriminalpolizei in KZs verbracht. Hatten diese nämlich auf der Flucht Straftaten begangen, zum Beispiel Lebensmittel gestohlen, waren sie in ein KZ einzuliefern.[227]

Auf einer Sterbefallliste des Lagerarztes für die Jahre 1941-1944 ist bei acht sowjetischen Gefangenen vermerkt „auf der Flucht erschossen", auch mindestens ein amerikanischer Soldat wurde bei einem Fluchtversuch erschossen. Bei mehreren anderen Gefangenen ist als Todesursache ebenfalls „Schussverletzung" oder „Kopfschuss" angegeben, wobei unklar ist, ob es sich dabei um Erschießungen auf der Flucht oder wegen Widerstands handelt.[228] Die Wiederergreifung

von geflohenen Gefangenen und deren Bestrafung war am Anschlagsbrett der Arbeitskommandos bekannt zu geben, die Erschießung von Gefangenen auf der Flucht beim Appell zu vermelden.[229]

Einige Fluchten/Fluchtversuche sind in Einzelheiten überliefert. Ein französischer Priester, der akzentfrei deutsch sprach, unternahm drei Fluchtversuche. Beim ersten fuhr er mit dem Personenzug von München nach Augsburg, wurde aber in Kissing von seinem Kommandoführer erkannt. Beim dritten Fluchtversuch wollte er bei Schaffhausen über die Grenze in die Schweiz, lief aber im Kreis und kam wieder in ein deutsches Dorf anstatt in die Eidgenossenschaft. Er blieb dann nach Kriegsende freiwillig im Lazarett in Freising und war einer der letzten französischen Gefangenen, die nach Hause kamen. Einem anderen französischen Priester gelang die Flucht, indem er unter einem Eisenbahnwaggon mitfuhr. Ein französischer Gefangener war zur Erntezeit bei einem Bauern beschäftigt. Mit Fahrrad und Sense fuhr er von Ort zu Ort, so als ob er gerade zur Arbeit fuhr oder von dort kam. Ihm gelang ebenfalls die Flucht.[230]

Bestrafung von Gefangenen

Zivilisten, also auch die Unternehmer, die Gefangene beschäftigten, durften diese nicht bestrafen. Disziplinarstrafen durften nur der Lagerkommandant, die Führer eines Arbeitskommandos oder deren Stellvertreter aussprechen. Haftstrafe oder Todesstrafe wurden von den Wehrmachtsgerichten verhängt.[231]

Aus dem Stalag VII A hat sich noch ein undatiertes „Merkblatt für disziplin. Bestrafung von Kgf." erhalten. Ein Grundsatz war: „Bei der Beurteilung der Frage, ob eine strafbare Handlung gerichtlich oder disziplinar bestraft werde soll, ist größte Nachsicht zu üben, insbesondere bei Straftaten, die mit einer Flucht zusammenhängen".[232] Eine Flucht an sich galt nämlich nicht als Straftat, sondern wurde nur mit Arrest bestraft. In Moosburg war der „Tarif" für Fluchten ein Monat Arrest in Baracke 40, wo der Gefangene auf dem Boden auf Stroh liegen musste.[233]

Arrestbaracke von Stalag VII A

Eine ganze Reihe von möglichen Bestrafungsmaßnahmen war verboten: Erschwerung von Arbeitsbedingungen, Dienstgradherabsetzung, körperliche Bestrafung „und überhaupt jede Art von Grausamkeit". Verpflegungsbeschränkungen waren nur in dem Umfang zulässig, wie sie auch gegenüber deutschen Wehrmachtsangehörigen verhängt werden konnten.

Eine kollektive Bestrafung für Vergehen einzelner war verboten. Falls ganze Gruppen gegen Regeln verstießen, verhängte die Lagerleitung aber durchaus Kollektivstrafen. Es hat sich ein Bild erhalten, das zahlreiche Gefangene in einer Reihe am Lagerzaun, mit dem Gesicht nach außen, bewacht von Posten, beim „Strafestehen" zeigt.

Arrest war eine zulässige Strafmaßnahme, seine Durchführung jedoch genau geregelt: Höchstdauer, auch für mehrere gleichzeitig geahndete Vergehen, war 30 Tage. Das Einsperren in nicht vom Tageslicht erhellten oder hygienisch nicht einwandfreien Räumen war verboten. Zwischen der Verbüßung zweier Arreststrafen war eine Pause von drei Tagen einzuhalten. Die Arrestanten mussten Gelegenheit zur Bewegung, zur Körperpflege und zu einem mindestens zweistündigen Aufenthalt im Freien pro Tag erhalten. Disziplinarisch bestrafte Gefangene durften lesen und schreiben, Briefe empfangen und absenden. Sie hatten das Recht, sich bei der täglichen ärztlichen Untersuchung vorzustellen. Um den Arbeitseinsatz nicht zu stark zu beeinträchtigen, mussten Arreststrafen so weit wie möglich am Wochenende verbüßt werden.

Doppelbestrafung war in einem umfassenden Sinn verboten. Eine gerichtliche Verurteilung schloss eine Disziplinarstrafe aus, eine bereits verbüßte Disziplinarstrafe die gerichtliche Verurteilung.

Nach der Verbüßung der Strafe durften die Gefangenen nicht anders behandelt werden als die übrigen Gefangenen. Lediglich Gefangene, die wegen Fluchtversuchen bestraft worden waren, konnten die Wachmannschaften strenger beaufsichtigen.[234]

Widerstand

Lageraufstände oder Revolten sind aus Stalag VII A nicht überliefert. Es kam jedoch durchaus zu Fällen von Widerstand einzelner Gefangener. Der Begriff „Widerstand" deckt zahlreiche verschiedene Handlungen ab. Dies konnten kleinere Widersetzlichkeiten und Ungehorsam, Arbeitsverweigerung und Sabotage im Arbeitseinsatz (verstärkt ab 1944) oder auch ein tätlicher Angriff auf Wachsoldaten sein.[235] Die Wachmannschaften waren angewiesen, Gehorsam, zum Beispiel die geforderte Arbeitsleistung, mit der Waffe zu erzwingen. Als letztes Mittel durften sie auch gezielte Schüsse auf die Gefangenen abgeben. Das Oberkommando der Wehrmacht (OKW) drohte

den Wachmannschaften strenge Bestrafung an, wenn sie es unterließen, die Gefangenen zur Einhaltung ihrer Arbeitspflicht zu zwingen.[236]

Auch im Bereich von Stalag VII A wurden Gefangene wegen Widerstands erschossen. So erschossen am 23.08.1944 Wachposten einen britischen Soldaten auf Arbeitseinsatz in Oberhummel „wegen Widerstand und Arbeitsverweigerung". Bei einem weiteren liegt nahe, dass er Widerstand leistete oder einen Fluchtversuch unternahm, da er an einem Kopfschuss verstarb.[237] Tendenziell gingen die Wachmannschaften am härtesten gegen den Widerstand sowjetischer Gefangener vor. In der oben erwähnten Liste des Lagerarztes ist bei drei sowjetischen Gefangenen „wegen Meuterei erschossen", bei einem „bei Widerstand erschossen" als Todesursache aufgeführt.[238]

Es kam jedoch auch zu organisiertem Widerstand. Immer wieder gründeten Gefangene, vor allem in den Offizierslagern, geheime Widerstandsbewegungen. Es war Aufgabe des Abwehroffiziers, im Lager Widerstandsgruppen festzustellen. Er und sein Personal bemühten sich daher, unter den Gefangenen V-Leute anzuwerben.

Stalag VII A spielte eine bedeutende Rolle bei einer der wichtigsten Untergrundorganisationen sowjetischer Gefangener in Deutschland, der B.S.W. („Bratskoje Sotrudnitschestwo Wojennpleniich" = Brüderliche Vereinigung der Kriegsgefangenen). Ende 1942/Anfang 1943 gründeten drei Rotarmisten im Arbeitskommando „Schwanseestraße" in München die B.S.W. Das Programm der Gruppe war ehrgeizig: Organisierung und Bewaffnung sämtlicher in Deutschland befindlicher Kriegsgefangenen und ausländischer Arbeiter, gewaltsamer Sturz des NS-Regimes, Unterstützung der deutschen Arbeiterschaft bei einem bewaffneten Aufstand gegen die Nationalsozialisten, Hilfeleistung für die Rote Armee und die erwarteten westlichen Invasionstruppen sowie die Verübung von Sabotageakten. Die Leiter der Organisation bauten diese zunächst innerhalb des Lagers weiter aus. Sie bildeten Mitglieder der B.S.W. in Sabotage und Spionage aus, planten Sabotageakte und Aufstände, beschafften sich Waffen und warben während des

Arbeitseinsatzes unter Ostarbeitern für ihre Organisation. Die B.S.W. konnte sich schnell ausbreiten, da ihre Mitglieder oft in andere Städte versetzt wurden. Ende Mai 1943 gab es bereits Ortskomitees in Karlsruhe, Heidelberg, Mannheim, Eppingen, Villingen, Baden-Baden, Ludwigsburg, Offenburg, Wiesenbach und Rastatt. Besonders erfolgreich war die B.S.W. wohl in München. Dort waren im Sommer 1943 in mindestens zwölf Ostarbeiterlagern Beauftragte der B.S.W. tätig. Außerdem konnte die B.S.W. Kontakt zu ähnlichen Gruppen in Innsbruck, Wien und Prag sowie zu deutschen Kommunisten herstellen. Im Mai 1943 erhielt die Lagerleitung „Schwanseestraße" Hinweise auf das Bestehen einer Geheimorganisation unter den Gefangenen. Zur Vorbeugung wurde eine größere Zahl gefangener Offiziere, unter ihnen die führenden Personen, abgezogen und wieder in das Stalag VII A zurückversetzt. Im Stalag bemühte man sich, die Situation aufzuklären, jedoch erfolglos. Durch geschickte, im Vorfeld abgesprochene Aussagen konnten die Gefangenen den Verdacht der Konspiration weitgehend entkräften. Die Lagerleitung wies die Gefangenen einem Arbeitskommando in Dornach zu, wo sie ihre Tätigkeit für die B.S.W. wieder aufnahmen und neue Mitglieder anwarben. Anfang Juli 1943 flüchteten 13 Offiziere der B.S.W., um auch außerhalb des Lagers Aktivitäten entfalten zu können. Sie konnten bald wieder aufgegriffen und ins Lager Moosburg zurückgebracht werden, wo sie 21 Tage strengen Arrest erhielten. Nach Verbüßung dieser Strafe kamen die Gefangenen in das (Straf-) Arbeitskommando Nr. 3370 Wildpoldsried, wo sie in kurzer Zeit fünfzig neue Mitglieder für die B.S.W. anwarben.

Inzwischen war jedoch die Gestapo auf die Spur der B.S.W. gekommen. Als die Gestapo deren Umfang erkannte, setzte sie eine Sonderkommission ein, die unter anderem mit Hilfe von V-Leuten die Organisation aufdeckte. Im Frühjahr 1944 nahm die Gestapo im ganzen Reich Angehörige der B.S.W. fest. Nahezu alle Verhafteten kamen in das KZ Dachau, wo sie getötet wurden. In einem Bericht stellte die Gestapo-Stelle München fest, dass die Organisation, die „sicher in naher Zukunft ein für das Deutsche Reich gefährliches Ausmaß" angenommen hätte, aufgedeckt und dabei 383 Personen festgenommen wurden. Dann konnte man sich einen Seitenhieb auf die Leitung des Stalag VII A nicht verkneifen:

„Das hochverräterische Unternehmen der russischen Kriegsgefangenen wurde von der Führung des Stalag VII (A) in Moosburg – vielleicht unbewusst – dadurch gefördert, dass die der bolschewistischen Betätigung verdächtigen russischen Kriegsgefangenen, insbesondere aber die Juden und Offiziere, nicht entsprechend den ergangenen Erlassen des OKW unter Bekanntgabe der näheren Gründe der Geheimen Staatspolizei übergeben, sondern auf andere Kriegsgefangenenlager oder Arbeitskommandos verteilt worden sind."[239] Dieser Vorwurf war wohl eine Retourkutsche für den heftigen Konflikt zwischen der Gestapo-Stelle München und der Leitung von Stalag VII A während der Aussonderungen sowjetischer Gefangener in den Jahren 1941/42.

Dies war jedoch nicht die einzige Widerstandsgruppe. Oberst Burger ging davon aus, dass es Widerstandsgruppen im Lager gab, die mit den Amerikanern geheime Verbindung aufnahmen. Er erklärt jedoch nicht, welchen Umfang diese Gruppen hatten und welche Aktivitäten sie entfalteten. Französische Gefangene im Stalag VII A schlossen sich angeblich zu einer Organisation zusammen, die der Resistance nahe stand. Ziel dieses Kreises soll der Versuch gewesen sein, Kontakt zu den vorrückenden Amerikanern aufzunehmen. Ob und inwieweit dies gelang, ist ungewiss.[240]

Die Lage im Reich

In den letzten Apriltagen war die Lage der deutschen Truppen in Bayern wie auch im Reich aussichtslos. Zusammengeschrumpfte und ungenügend ausgerüstete Einheiten standen einer an Menschen und Material erdrückenden alliierten Übermacht gegenüber, die inzwischen auch über die uneingeschränkte Lufthoheit verfügte.

Am 21. Oktober 1944 konnten die amerikanischen Streitkräfte mit Aachen die erste deutsche Großstadt erobern. Im Januar 1945 hatte die Rote Armee die Oder erreicht, am 07. März die US-Army den Rhein überquert. Die Verteidigung im Westen war zusammengebrochen, eine Stadt am Rhein nach der anderen wurde von Amerikanern und Briten besetzt. Nachdem amerikanische Verbände am 11. April bei Magdeburg die Elbe erreicht hatten, trafen sich am 25. April amerikanische und sowjetische Truppen bei Torgau, die Westfront hatte sich mit der Ostfront vereint. Das von den Deutschen noch kontrollierte Gebiet war damit in eine Nord- und eine Südhälfte zerteilt worden. Als am 25. April die sowjetischen Streitkräfte ihren Ring um Berlin geschlossen hatten, begann der Kampf um die Reichshauptstadt. Am 29.April tobte der Häuserkampf in Berlin, Hitler heiratete in der umkämpften Reichskanzlei Eva Braun und diktierte sein politisches und persönliches Testament.[241]

Die Lage in Bayern

Auch Bayern war Ende April 1945 längst Kampfgebiet. Nach der Eroberung der Rheinebene waren die amerikanischen Truppen entlang von Rhein und Main nach Süden und Osten vorgerückt. Am 25. März 1945 betraten die amerikanischen Streitkräfte bei Aschaffenburg bayerischen Boden und besetzten seitdem Bayern von Nord nach Süd. Französische Truppen operierten in Schwaben. Die 7. US-Armee unter General Patch überquerte nach der Eroberung Frankens am 22. April bei Dillingen die Donau und erreichte damit das Gebiet des Wehrkreises VII. Die 7. US-Armee begann nun mit der Eroberung der westlichen Teile des südbayerischen

Raums, während die 3. US-Armee unter General Patton im Wesentlichen die Besetzung des bayerischen Südostens übernahm.[242] Am 26. April drangen amerikanische Truppen in Ulm ein, am 27. April wurden Regensburg und Ingolstadt eingenommen.[243]

Die amerikanischen Streitkräfte rückten auch in Bayern schnell vor. Sie konnten deutsche Widerstandsnester schnell umgehen oder mittels überlegener Luftstreitkräfte zerschlagen. Die von Flüchtlingen, Angehörigen evakuierter Dienststellen und versprengten Soldaten verstopften bayerischen Landstraßen stellten nach Meinung mancher Historiker ein größeres Hindernis für den Vormarsch dar als die deutschen Truppen.[244]

In dieser Situation herrschten in Bayern vielerorts chaotische Machtverhältnisse. Die Dienststellen der Wehrmacht waren mit der Situation überfordert und wegen der häufigen Stellungswechsel schwer zu erreichen, eine effektive militärische Führung war kaum mehr gegeben. Staatliche und kommunale Behörden, Dienststellen des Reiches, die in den Süden verlegt worden waren, Gliederungen und Organe der Partei wie HJ und Gauleiter, Polizeiführer, Volkssturm und diverse SS-Einheiten übten, gemeinsam oder gegeneinander, Herrschaft aus und organisierten „Verteidigungsmaßnahmen".[245] In diesem Gewirr unübersichtlicher Machtstrukturen, oft verschärft durch den raschen Zusammenbruch der deutschen Verteidigungslinien, eröffneten sich immer wieder Spielräume für einzelne Amtsträger und Offiziere, eigenständige und weitreichende Entscheidungen zu treffen. Allerdings bestand jederzeit die Gefahr der standrechtlichen Erschießung, wenn ein anderer Befehlshaber oder Machtträger einen Befehl als Verrat oder Feigheit vor dem Feind einschätzte.

Die Situation in Moosburg

Über die letzten Kriegs- und ersten Friedenstage liegen mehrere Zeitzeugenberichte vor, die das Geschehen aus verschiedenen Blickwinkeln beleuchten. Lagerkommandant Oberst Otto Burger schildert die Ereignisse während der letzten Apriltage, August Alckens, damals Dolmetscher im Lager, berichtet vor allem über die Situation in der Kaserne der Wachmannschaften während der Befreiung des Lagers, Major Rudolf Koller, Kommandeur des Landesschützenbataillons 512 (Wachmannschaften des Stalag) und Kampfkommandant von Moosburg stellt die militärischen Abläufe und den Einmarsch der US-Truppen in Moosburg dar und der damalige Stadtpfarrer Alois Schiml beschreibt die letzte Phase des Krieges in Moosburg und die Situation der Zivilbevölkerung in der Stadt während und nach dem Einmarsch der Amerikaner. Zwar decken sich nicht alle Angaben was Abläufe und Zeitangaben anbelangt, doch ergibt sich in der Zusammenschau ein relativ detailliertes Bild der Ereignisse.

Im Frühjahr 1945 zeichnete sich das nahende Kriegsende auch in Moosburg und Umgebung ab. Dass die Fronten näher rückten, zeigte sich unter anderem daran, dass in den letzten Kriegsmonaten mehrere Lazarette aus Schlesien nach Freising verlegt wurden.[246]

Vor allem im April kam es wegen der Bombenangriffe auf Erding, Freising und Landshut immer häufiger zu Fliegeralarm auch in Moosburg. In der Stadt gab es vier Luftschutzkeller, unter anderem am Feuerwehrhaus auf dem Plan (heute Stadtbücherei), manche Moosburger hatten auch in ihren Gärten Schutzgräben ausgehoben.[247]

Dass das Kriegsgeschehen nun auch den Moosburger Raum erreicht hatte, wurde der Bevölkerung durch zahlreiche Tieffliegerangriffe deutlich vor Augen geführt. Wegen der geraden Streckenführung waren die Bahnlinie und die Straße zwischen Langenbach und Marzling besonders beliebte Ziele bei den amerikanischen Piloten. Außerdem kam es bei Isareck zu einem Tieffliegerangriff auf einen Personenzug mit 18 Toten. Am 24. März fielen Bomben, vermutlich ein Notabwurf eines beschädigten amerikanischen Kampfflugzeugs, auf freies Feld bei der Amperbrücke und töteten einen Landwirt.[248]

In den letzten Apriltagen verschärfte sich die Situation. Flüchtlinge strömten in die Stadt, es war bereits

Kanonendonner zu hören. Am 26. April durchquerten lange Kolonnen von KZ-Häftlingen in „erbarmungswürdigem Zustand", wie Koller schreibt, die Stadt. Neun von ihnen starben in Thonstetten. Von den US-Truppen befreit, kamen die KZ-Häftlinge unmittelbar nach Kriegsende nach Moosburg zurück und wurden hier mit Rot-Kreuz-Paketen versorgt.[249]

Außerdem fuhren Ende April lange Militärkonvois von Landshut Richtung München durch, an einem Tag passierten unter anderem elf Generäle mit ihren Stäben Moosburg mit Ziel Garmisch. Als der Verkehr nachließ, war dies für Major Koller das Zeichen, dass sich nun die Front in unmittelbarer Nähe befand.[250]

Die Situation im Stalag

Auch im Stalag machte sich das Kriegsende bemerkbar. Die deutsche Führung ließ Kriegsgefangenenlager vor allem vor der zusammenbrechenden Ostfront evakuieren, damit keine Gefangenen dem Feind in die Hände fielen. Daher kamen seit Ende 1944 tausende Gefangene nach Moosburg. Unter ihnen waren auch etwa 12.000 Offiziere, zum Beispiel 2000 Fliegeroffiziere aus Stalag Luft III (Sagan in Schlesien) sowie das komplette Offizierslager Eichstätt. Weil der Eisenbahnverkehr teilweise zusammengebrochen war, mussten sie häufig lange Strecken bei unzureichender Versorgung marschieren und kamen dementsprechend entkräftet und oft auch krank im Stalag an.[251]

Die Zahlenangaben, wie viele Gefangene sich bei Kriegsende im Lager befanden, schwanken: Major Koller nennt eine Zahl von 33.000[252], das Rote Kreuz 37.000[253], Oberst Burger sowohl 60.000 als auch 70.000[254], Prof. Dr. Ziegler 70.000[255], eine Ausgabe der amerikanischen Armeezeitung Army Times 130.000[256], wobei letztere wohl nicht nur die Gefangenen des Stammlagers, sondern auch von Außenlagern beinhaltet. Die Zahl von etwa 70.000 dürfte realistisch sein und zwar aus folgenden Gründen: Zum 01.12.1944 befanden sich 75.400 Gefangene im Bereich des Stalag, davon 56.350 auf Arbeitseinsatz. Nach der letzten Belegungsmeldung für Stalag

Völlige Überbelegung in den letzten Tagen vor der Befreiung: Gefangene campieren zwischen Baracken unter freiem Himmel

VII A waren am 01.01.1945 ca. 76.000 Gefangene im Bereich des Stalag, also im Lager selbst und in den Außenlagern.[257] Das heißt, noch bevor wegen der Evakuierungen eine große Zahl von Gefangenen zusätzlich ins Stalag kam, befanden sich dort bereits etwa 20.000 Insassen. Um dann die Neuankömmlinge beherbergen zu können, beschlagnahmte die Lagerleitung Zelte für 30.000 Personen.[258] Zeitzeugen berichten außerdem von einer kompletten Überfüllung des Lagers, was durch Bilder bestätigt wird, die zeigen, wie sich zahlreiche Gefangene im Lagergelände zwischen Baracken drängen und dort offensichtlich im Freien campieren müssen.[259] Bedenkt man, dass sich auch 1943/44 immer wieder bis zu 20.000 Gefangene im Lager aufgehalten haben,[260] dass die Belegungsdichte in den Baracken seit Ende 1944 deutlich erhöht wurde,[261] die Lagerleitung noch Zelte für 30.000 Gefangene auf den freien Flächen wie dem Sportplatz aufstellen ließ und dennoch Gefangene im Freien übernachten mussten, dann kann eine solche bedrängende Belegung nur durch eine Zahl von 70.000 Gefangenen verursacht worden sein.

In Zeiten einer zunehmend chaotischeren Situation musste die Lagerleitung eine immer größere Zahl von Menschen versorgen. Da wegen der großflächigen Zerstörung der Verkehrsinfrastruktur und der Tieffliegerangriffe nur schwer Nachschub ins Stalag gebracht werden konnte, waren die Lebensmittelpakete des Roten Kreuzes besonders wichtig. Im März hatte das Rote Kreuz Quartier in Moosburg bezogen und verteilte von dort aus Lebensmittelpakete, die mit mehreren Zügen angeliefert worden waren, per Lastwagen auf verschiedene Lager.[262]

Gleichzeitig versuchte die Lagerleitung zu verhindern, dass Gestapo oder SS Zugriff auf das Lager bekamen sowie die Ruhe im Lager aufrechtzuerhalten. Der Lagerleitung standen 2000 Mann an Wachtruppen für das Lager und für die 80.000 Gefangenen in Außenlagern weitere 8000 Mann an Wachmannschaften zur Verfügung.[263]

Die Befehlslage

Ende April hatte Oberst Burger den Befehl erhalten, mit den gefangenen Offizieren in den Süden zu marschieren. Wahrscheinlich sollten sie als Faustpfand bei möglichen Verhandlungen mit den Alliierten dienen. Ein solcher Marsch ohne vorbereitete Unterkunft und Verpflegung hätte erhebliche, für einen Teil der Gefangenen wohl tödliche Strapazen bedeutet. Die Mannschaften sollten in Moosburg bleiben, allerdings sollten die Lagergebäude gesprengt werden, um dem Feind keine Unterkünfte in die Hände fallen zu lassen. Alle nicht direkt zur Bewachung nötigen Soldaten mussten der Kampftruppe eingegliedert werden. An Isar und Amper war eine Verteidigungslinie aufzubauen.[264]

In dieser Situation entschlossen sich Oberst Burger, Major Koller und angeblich auch Bürgermeister Müller zu einer kampflosen Übergabe der Stadt und des Lagers, ohne Gefangene abzutransportieren. Major Koller traf bereits Vorkehrungen zur Bewachung der Depots mit den Rot-Kreuz-Paketen und anderer Lager, um Plünderungen zu vermeiden.[265] Besonders wichtig war, die Zerstörung der Isarbrücke zu verhindern. Am 24. April hatte nämlich das

Wehrkreiskommando VII befohlen, die Isarbrücken zur „nachhaltigen Zerstörung" vorzubereiten.[266] Tatsächlich trafen auch in Moosburg Pionieroffiziere ein, um an der Isarbrücke Sprengladungen anzubringen. Ansonsten erhielten die Truppen in Moosburg keine konkreten Befehle, die militärische Führung war auf sich gestellt und konnte kaum mehr Kontakt mit den vorgesetzten Dienststellen aufnehmen.[267] Nun eröffneten sich für die Akteure in Moosburg Handlungsspielräume.

27.04.1945

Am 27.04.1945 erging um 20 Uhr 30 Anweisung des Oberbefehlshabers West, unter anderem eine Verteidigungslinie Isar-Amper-Glonn-Ammersee-Schongau als rückwärtigen Riegel vorzubereiten.[268] Der auch für Moosburg gültige Verteidigungsbefehl lautete:
„Die Stunde der Entscheidung ist gekommen. Es geht um den letzten Widerstand und den Sieg. Die Isar-Amper-Glonn-Linie ist die letzte Verteidigungsstellung. Sie muss gehalten werden. Von hier aus beginnt die große Offensive. Neue, bestausgerüstete Divisionen sind bereitgestellt. Entscheidungbringende bisher unbekannte Waffen kommen zum Einsatz." Gegen Meuterer und Deserteure sei rücksichtslos vorzugehen, jedermann habe die Pflicht, versagende Offiziere zu entfernen, um selbst die Führung zu übernehmen.[269]

Moosburg lag dabei im Operationsgebiet der 1. Deutschen Armee. Diese bestand aus einem Sammelsurium von Resteinheiten der Wehrmacht, der Waffen-SS und des Volkssturms.[270] Der Wehrkreisbefehlshaber VII verfügte über drei Divisionen um seinen Verteidigungsbereich zu sichern. Eine davon, die einen Abschnitt von 14 km verteidigen sollte, bestand aus einem Oberst als Divisionskommandeur, seinem Fahrer und seinem Burschen. Der Divisionskommandeur sollte seine Einheit mit zurückflutenden Soldaten auffüllen.[271]

Oberst Burger versuchte nun, das Wehrkreiskommando davon zu überzeugen, den Raum um Moosburg zum neutralen Gebiet zu erklären, in dem keine Kampfhandlungen stattfinden sollten. Im Wehrkreiskommando war man diesem Vorschlag nicht abgeneigt, bevor jedoch eine Entscheidung erging, wurde der Verteidigungsabschnitt um Moosburg dem XIII. SS-Armeekorps (bestehend aus der 38. SS-Panzergrenadierdivision „Nibelungen" und der 352. Volksgrenadierdivision) unterstellt. Die SS-Division „Nibelungen" sollte mit drei Regimentern den Raum um Moosburg verteidigen. Zu ihr stießen noch Teile der SS-Division „Charlemagne".[272]

28.04.1945

Am 28.04.1945 trafen die ersten SS-Verbände in Moosburg ein. Ein Regiment der Division „Nibelungen" ging in der Stadt in Stellung. Der für Moosburg zuständige SS-Kommandeur war entschlossen, mit seinen Truppen und den Wachmannschaften des Stalag Moosburg „nachhaltigst" zu verteidigen.[273]

Die Nachricht von der Freiheitsaktion Bayern, einem Aufstandsversuch einiger Wehrmachtseinheiten im Raum München gegen die nationalsozialistischen Machthaber mit dem Ziel, den Krieg zu beenden, löste laut Oberst Burger am 28.04.1945 zunächst eine Hochstimmung aus, der nach Bekanntgabe der Niederschlagung des Aufstands Ernüchterung folgte. Die Freiheitsaktion Bayern hatte auch Kontakt zu einer Widerstandsgruppe aus Dolmetschern in Stalag VII A und weiteren Gruppen im Freisinger Raum.[274]

Am Morgen desselben Tages gab Oberst Burger dem Stalag-Personal und der Wachtruppe bekannt, dass die Gefangenen nicht abtransportiert, Moosburg nicht verteidigt und die Wachmannschaften nicht der Kampftruppe eingegliedert würden. Er wolle das Lager an die Amerikaner übergeben. Dies erklärte er dann auch den Gefangenen. Damit hatte Oberst Burger in der Öffentlichkeit einen Befehl verweigert. Vor dem Hintergrund der allgemeinen Befehlslage begaben sich damit er und seine ihn unterstützenden Männer in Lebensgefahr.

Oberst Burger und Major Koller begannen nun, die kampflose Übergabe von Stadt und Lager vorzubereiten.

Major Koller instruierte, wie auch schon in den vergangenen Tagen, die Kommandanten des Moosburger Volkssturms dahingehend, Ruhe und Ordnung aufrecht zu erhalten, Plünderungen und vor allem jegliches Blutvergießen zu vermeiden und die Gefangenen zu schützen. Sie sollten jedoch keine Vorbereitungen für Kampfhandlungen treffen.[275] Es gibt Berichte, dass nun auch Moosburger Bürger anfingen, Panzerfäuste zu verstecken oder unbrauchbar zu machen, einige versuchten nachts, Sprengladungen an der Amperbrücke zu entfernen.[276]

Als gegen Mittag bekannt wurde, dass Mainburg und Nandlstadt bereits besetzt waren und Späher meldeten, dass US-Truppen (die 14th Armored Division der 3. US-Armee) Mauern erreicht hatten, mussten die Akteure in Moosburg handeln.

Oberst Burger beschloss nun, mit dem amerikanischen Befehlshaber Kontakt aufzunehmen und ihn über seine Absichten zu informieren. Vertreter des Roten Kreuzes und jeweils der dienstälteste amerikanische und britische Offizier sollten als Verhandlungsdelegation gegen 14 Uhr nach Mauern aufbrechen und mit den Amerikanern verhandeln. Hauptproblem war nun, die SS von der Verteidigung Moosburgs abzubringen oder zum Abzug zu veranlassen.

Zunächst gelang es Oberst Burger nicht, die SS-Kommandeure davon zu überzeugen, ihre Befehle nicht zu befolgen. Er wies nun den SS-Kommandanten darauf hin, dass es erhebliche Folgen haben könnte, wenn unter den Augen des Roten Kreuzes bei Kampfhandlungen Kriegsgefangene ums Leben kämen. Der SS-Offizier solle mit den Amerikanern eine neutrale Zone ohne Kampfhandlungen aushandeln. Dann würde er ja keinen Befehl brechen, da er nicht kämpfen müsse, wenn er nicht angegriffen würde. Daraufhin entschloss sich der SS-Anführer, Oberst Burgers Plan zu folgen und mit den Amerikanern zu vereinbaren, Moosburg von den Kampfhandlungen auszusparen.

Gegen 15 Uhr 30 fuhr die Delegation mit dem SS-Offizier in Richtung Front ab.[277] Nach den Angaben von Oberst Burger wurde der SS-Offizier von den US-Truppen festgehalten. Ob dies tatsächlich der Fall war, ist nicht ganz eindeutig. Die Verhandlungsdelegation kehrte um 18 Uhr zurück und teilte mit, dass die Amerikaner zugesichert hätten, das Stalag-Personal nach internationalem Recht zu behandeln und bald aus der Gefangenschaft zu entlassen. In Moosburg würden keine Repressalien, Plünderungen oder Ausschreitungen zugelassen. Die Vereinbarung einer neutralen Zone wurde jedoch abgelehnt und die deutschen Truppen zur Kapitulation aufgefordert.[278]

Hintergrund für das Verhalten der US-Befehlshaber dürfte gewesen sein, dass diese befürchteten, dass sich die SS geordnet über die Isarbrücke zurückziehen und dabei doch Gefangene mitnehmen und die Isarbrücke sprengen könnte. Es wurde erwartet, dass die amerikanischen Truppen am 29.04. gegen Mittag in Moosburg eintreffen würden. Noch am 28.04. besprach Oberst Burger mit gefangenen Offizieren die Übergabe des Lagers, vor allem der Verpflegung, des Lazaretts, der Kartei, der hinterlegten Wertgegenstände der Gefangenen und von fünf Millionen Reichsmark in Devisen. Am Abend wurden amerikanische und britische Offiziere zu den einzelnen Einheiten und auch zum Bataillonsstab der in Moosburg stationierten Landesschützen geschickt, um die besprochenen Maßnahmen zu koordinieren und zu überwachen.[279]

Die Nacht vom 28. auf den 29.04.1945

In der Nacht vom 28. auf den 29.04. zog sich ein großer Teil der SS nach und nach aus dem Gebiet um Moosburg zurück. Oberst Burger gibt an, er habe der nun führerlosen SS vorgespiegelt, dass diese Befehl erhalten hätte, das Gebiet um Moosburg zu räumen.[280] Dies ist nicht nachvollziehbar. Selbst wenn man Oberst Burgers Schilderung, die Amerikaner hätten den als Parlamentär gesandten SS-Kommandeur gefangen genommen, zutrifft, hätte die SS in Moosburg noch Kontakt zum Gefechtsstand der Division oder eines anderen Regiments aufnehmen und mit den dortigen Offizieren die Lage klären können. Wahrscheinlicher ist, dass sich das XIII. SS-Korps vor der erdrückenden Übermacht der US-Truppen zurückzogen.[281]

Die sich zurückziehenden SS-Einheiten bereiteten die Isarbrücke zur Sprengung vor. Major Koller setzte sich intensiv dafür ein, dass die Brücke nicht gesprengt wurde und verwies auf deren große Bedeutung für die Versorgung Oberbayerns. Zunächst hatte er Erfolg, die SS-Führer versprachen, die Brücke zu verschonen.[282]

In der Nacht vom 28. auf den 29. April zog die Lagerleitung die Wachen aus dem Inneren des Lagers ab, die Gefangenen übernahmen nun selbst die Sicherungsmaßnahmen. Allen deutschen Posten auf den äußeren Wachtürmen wurden alliierte Soldaten beigeordnet. Major Koller inspizierte gemeinsam mit einem amerikanischen und einem britischen Offizier die verschiedenen Depots in Moosburg, um die nahende Übergabe vorzubereiten.[283]

29.04.1945

Die Eroberung Moosburgs

Teile einer SS-Einheit begannen in den frühen Morgenstunden des 29.04., sich auf den Höhen bei Ziegelberg und an der Amper zu verschanzen. Ein SS-Offizier befahl dem Moosburger Volkssturm, dort Schützenlöcher auszuheben. Zu diesem Zeitpunkt hatten sich die meisten Volkssturmmänner bereits abgesetzt. Major Koller forderte den Volkssturmkommandeur auf, zum Schein einige Volkssturmmänner mit Pickel und Schaufel zur Amper zu schicken.[284]

Gegen neun Uhr waren dann von Richtung Wittibsmühle Gewehrfeuer und deutsches MG-Feuer zu hören. Die verschanzten SS-Verbände begannen, den von Mauern aus vorrückenden US-Truppen Widerstand zu leisten. Es entwickelte sich ein Kampf um die Amperbrücke, der Vormarsch der Amerikaner war zunächst gestört. Gegen 10 Uhr näherten sich, von Westen kommend, amerikanische Panzerspitzen der Stadt. Bald befanden sich auf den Höhen westlich von Feldkirchen 15-20 US-Panzer und nahmen das Gebiet um die Amperbrücke unter Feuer. Mit Rücksicht auf die Gefangenen setzten die Amerikaner, im Gegensatz zum sonst üblichen Vorgehen bei Widerstand, keine

schwere Artillerie ein. Einzelne Granaten schlugen jedoch auch in Moosburg ein, der Münsterturm wurde ebenfalls beschossen. Zu diesem Zeitpunkt hatten die Moosburger den Sonntagsgottesdienst abgebrochen und sich in ihre Keller zurückgezogen.

Die amerikanischen Panzer näherten sich nun der Amperbrücke. Da die SS-Truppen über keine schweren Waffen wie Panzerabwehrkanonen verfügten und man in Moosburg Panzerfäuste unbrauchbar gemacht hatte, konnten die amerikanischen Panzer den Widerstand der SS schnell brechen.

Gegen 11 Uhr zog sich die SS kämpfend über die Amper nach Moosburg zurück, verfolgt von amerikanischen Truppen, und verschanzte sich in der Stadt. Die Amerikaner setzten nach und drangen in Moosburg ein. SS-Angehörige hatten auch im Johannesturm eine Stellung eingerichtet und schossen von dort auf die vorrückenden US-Truppen. Es kam zu kurzen, aber heftigen Feuergefechten in den Straßen der Stadt.

Amerikanische Panzer fuhren rasch von der Amperbrücke kommend am Kastulus-Münster vorbei Richtung Isarbrücke, um diese schnellstmöglich zu besetzen und damit einer Zerstörung zuvorzukommen. Bevor sie die Brücke jedoch erreichen konnten, wurde diese von der abrückenden SS gesprengt. In kurzer Zeit besetzte amerikanische Infanterie die Stadt. Die US-Soldaten durchsuchten die Häuser nach Waffen, versteckten Soldaten und Fotoapparaten. Panzer sammelten sich auf dem Plan, an der Herrnstraße und am Gries. Die GIs wurden von der Moosburger Bevölkerung mit Blumen begrüßt, die meisten Moosburger hatten schon weiß geflaggt. Über Opfer unter der Zivilbevölkerung ist nichts bekannt. Einige Häuser und auch der Turm der Johanneskirche wiesen kleinere Einschüsse auf.[285]

Die Befreiung von Stalag VII A

Jetzt erst, nach der Eroberung der Stadt, wandten sich die US-Truppen dem Lager zu. Hauptziel der amerikanischen Befehlshaber dürfte nämlich gewesen sein, die Isarbrücke

Das Lager unmittelbar vor der Befreiung

Amerikanische Soldaten befahren mit ihrem Panzer das Lagergelände

unzerstört zu erobern und so einen intakten Übergang über den Fluss zu sichern, sowie den Rückzug der deutschen Truppen zu stören. Die Amerikaner konzentrierten sich daher zunächst auf die Stadt, erst später auf das Lager.[286]

Als im Stalag die ersten amerikanischen Panzer gesichtet wurden, übernahmen die alliierten Gefangenen auf den Wachtürmen die Posten. Sie bewachten nun das Lager. Die Gefangenen erwarteten bereits den Einzug der Befreier, als das Gefecht zwischen SS und US-Truppen entbrannte. Um 11 Uhr 30 schlugen im Vorlager Granaten ein, die gegen die SS-Stellungen am Bahndamm beim Lager gerichtet waren und die einige Deutsche verletzten. Viele Gefangene zogen sich nun in Splitterschutzgräben zurück. Gegen Mittag trafen die ersten amerikanischen Panzer im Lager ein, an der Spitze der Divisionskommandeur. Oberst Burger übergab ihm das Lager. Die Übergabe dauerte nur wenige Minuten. Auch die Arbeitskommandos, die ebenfalls entsprechende Befehle erhalten hatten, ergaben sich kampflos den amerikanischen Truppen.[287] Das Mannschaftsstammlager VII A war Geschichte.

Besonders interessant ist ein Absatz am Ende von Oberst Burgers Bericht. Noch bevor er seinen Offizieren und Mannschaften bescheinigt, gewissenhaft gehandelt zu haben, spricht er den Gefangenen seine „höchste Achtung" für ihr Verhalten aus, das es ermöglicht habe, die SS und andere Kreise über seine Pläne im Unklaren zu lassen und das Lager wie vorgesehen kampflos zu übergeben. Damit hatten sich in den letzten Kriegstagen die Fronten gewandelt. Nicht mehr deutsche Truppen und Dienststellen gegen die Kriegsgefangenen, sondern Teile der deutschen Truppen und Kriegsgefangene gegen SS und Gestapo.[288]

Für die Wachmannschaften war der Krieg nun ebenfalls zu Ende, wenn auch erst am frühen Nachmittag. Während über Mittag noch um Moosburg gekämpft wurde, erhielten in der Kaserne der Wachmannschaften die deutschen Soldaten Marschverpflegung für drei Tage und den Wehrsold ausbezahlt. Derweil aßen die Offiziere Gänse- und Schweinebraten in der Kantine. Gegen 14 Uhr 30 besetzten amerikanische Truppen die Kaserne der Wachmannschaften und entwaffneten die Landesschützen.[289]

Deutsche Soldaten, aber auch Zivilisten wie Bürgermeister Müller und der gesamte Stadtrat wurden am Viehmarktplatz gesammelt und wie die Landesschützen und das Stalag-

Personal am späten Nachmittag über Mauern Richtung Gammelsdorf in die Gefangenschaft geführt.[290]

Die ersten Stunden und Tage der Nachkriegszeit

In den nächsten Tagen musste die Moosburger Bevölkerung teils heftige Übergriffe von amerikanischen Soldaten und ehemaligen Kriegsgefangenen erleben.

Schon die einmarschierenden Amerikaner nahmen der Moosburger Zivilbevölkerung Eheringe und Uhren ab. Außerdem bezogen US-Soldaten Quartier in Privathäusern. Deren Bewohner hatten meist nur eine Stunde Zeit, das Nötigste zu packen und sich eine Ersatzunterkunft zu suchen.[291]

Bereits am Nachmittag des 29.04.1945 kam es zu umfangreichen Plünderungen. Gruppen von Gefangenen aus dem Lager strömten in die Stadt. Sie plünderten Geschäfte, Bauernhöfe und Privathäuser. Pfarrer Schiml schreibt, dass die Gebäude vom Keller bis zum Speicher durchsucht, Lebensmittel, Decken, Betten aber auch Einmachgläser und Bratpfannen mitgenommen wurden. Vieles von dem, was die Gefangenen nicht gebrauchen konnten, zerstörten sie.

In einem Keller hatte die Wehrmacht 8.000 Liter Wein eingelagert, den nun ehemalige Kriegsgefangene konsumierten. Am Tag darauf bestellte die Militärregierung 40 Särge für diejenigen Gefangenen, die dem Alkohol erlegen waren. Nach einigen Tagen schlossen die Amerikaner den Keller. Wütende Gefangene zündeten diesen nun ebenso an wie das Anwesen eines Bauern, der gezögert hatte, ein Kalb herauszugeben.

Ein Militärschuhlager am Bahnhof wurde ausgeräumt, woran sich auch Einheimische beteiligten. Das Heimatmuseum und ein Schulgebäude wurden ebenfalls geplündert, in letzterem vor allem Kartenmaterial. Mit Kleidung, Nahrungsmitteln und allen möglichen anderen Gegenständen kehrten Gefangene in das Stalag zurück.[292]

Außerdem kam es zu einer größeren Zahl von Vergewaltigungen, begangen von Kriegsgefangenen aber auch von amerikanischen Soldaten. Problematisch war insbesondere, dass Listen, die die Namen aller Bewohner und ihr Alter enthielten, an den Häusern angeschlagen werden mussten. Als am zweiten Tag der Plünderungen bekannt wurde, dass es bereits zu 17 Vergewaltigungen gekommen war, richteten Stadtpfarrer und Kapläne im Pfarrhof und in den Kooperatorenhäusern Schutzräume für Frauen und Mädchen ein.[293]

Zwar bemühten sich die US-Truppen, Übergriffe zu verhindern, Plünderungen einzudämmen und geraubte Gegenstände zurückzugeben, doch waren sie mit der chaotischen Situation überfordert. Diese verschärfte sich weiter, als im Laufe der Zeit die im Umland untergebrachten Kriegsgefangenen und Zivilinternierten ebenfalls nach Moosburg strömten. Gleichzeitig versuchten aber auch viele ehemalige Gefangene, Übergriffe zu verhindern, vor allem auf Familien und Betriebe, in denen sie während ihres Arbeitseinsatzes gut behandelt worden waren. Es gibt zahlreiche Berichte, dass ehemalige Gefangene vor den entsprechenden Gebäuden Posten aufstellten und sogar Gewalt einsetzten, um Moosburger Bürger zu schützen.

Nach acht Tagen konnten die Amerikaner unter massivem Einsatz die Plünderungen weitgehend eindämmen, vollständig gelang dies aber erst nach 14 Tagen, da immer wieder neue Plünderer aus dem Umland nachkamen.[294]

Prof. Dr. Ziegler, der am 03.05.1945 Moosburg besuchte, bestätigt den Bericht von Pfarrer Schiml. Nach seinen Erinnerungen war die Stadt wie ausgestorben, auf den Straßen waren keine Deutschen zu sehen, nur Ausländer. Vor dem Pfarrhaus habe Pfarrer Schiml gestanden, ein Häuflein Elend, ganz verstört, und habe berichtet, dass bei der Einnahme der Stadt viele Frauen vergewaltigt worden seien. Im Lagerlazarett hätten sich noch kranke Deutsche befunden, im Lager sei es wie in einem Bienenkorb gewesen.[295]

In diesen Tagen bekam Moosburg hohen Besuch. General Patton kam mit seinem Stab in das Lager. Es haben sich

Berichte amerikanischer Soldaten erhalten, die von seinem Auftritt beeindruckt waren. Angeblich ließ sich Patton auf einem Panzer stehend, seine berühmten elfenbeinbeschlagenen Colts schwenkend, die Lagerstraße entlang fahren.

Es war einer seiner letzten öffentlichkeitswirksamen Auftritte im Zweiten Weltkrieg. Auch für den noch nicht besetzten Teil Bayerns dauerte der Krieg nämlich nur noch wenige Tage. Am Abend des 29. April eroberten die Amerikaner Freising, am 30. April München. Am 4. Mai war das gesamte Gebiet des Wehrkreises VII von amerikanischen und französischen Truppen besetzt. Am 6 Mai um 12 Uhr trat die Kapitulation der deutschen Truppen im Südraum in Kraft, der auch Bayern umfasste. Auch wenn es angesichts der chaotischen Verhältnisse schwierig war, alle Einheiten zu erreichen, war der Zweite Weltkrieg in Bayern zu Ende, zwei Tage später in ganz Europa.[296]

1 Mitschrift eines Vortrages von Oberst Nepf, gehalten vor Moosburger Bürgern in der Stalag-Kantine im Januar 1941, Stadtarchiv Moosburg, 06/45, S. 1.

2 Otto R., Wehrmacht, Gestapo und sowjetische Gefangene im deutschen Reichsgebiet 1941/42, München 1998, S. 27ff.; Speckner H., In der Gewalt des Feindes, Wien 2003, S. 19ff.

3 Otto R., Wehrmacht, Gestapo und sowjetische Gefangene im deutschen Reichsgebiet 1941/42, München 1998, S. 29 FN 14.

4 Otto R., Wehrmacht, Gestapo und sowjetische Gefangene im deutschen Reichsgebiet 1941/42, München 1998, S. 29; Pfahlmann H., Fremdarbeiter und Kriegsgefangene in der deutschen Kriegswirtschaft 1939-1945, Darmstadt 1968, S. 83ff.

5 Bundesarchiv-Militärarchiv, RHD 4, 138/12.

6 Mitschrift eines Vortrages von Oberst Nepf, gehalten vor Moosburger Bürgern in der Stalag-Kantine im Januar 1941, Stadtarchiv Moosburg, 06/45, S. 1.

7 Aktenvermerke des Moosburger Bürgermeisters Dr. Müller „Kriegsgefangenenlager in Moosburg betr." vom 19.09.1939 bis zum 21.09.1939, Stadtarchiv Moosburg, 06/47; Bundesarchiv-Militärarchiv, RH 53-7/v. 724 Bl. 12f.

8 Nowak E., Polnische Kriegsgefangene im Dritten Reich, in: Bischof G./Karner S./Stelzl-Marx B.(Hgg.), Kriegsgefangene des Zweiten Weltkriegs, Wien 2005, S. 507-517, S. 508, vor allem unter Verweis auf polnische Forschung; Bedürftig F., Drittes Reich und Zweiter Weltkrieg, München 2004, „Polenfeldzug".

9 Otto R., Wehrmacht, Gestapo und sowjetische Gefangene im deutschen Reichsgebiet 1941/42, München 1998, S. 29.

10 Otto R., Wehrmacht, Gestapo und sowjetische Gefangene im deutschen Reichsgebiet 1941/42, München 1998, S. 30.

11 Bundesarchiv-Militärarchiv, RHD 4, 138/12.

12 Bundesarchiv-Militärarchiv, RHD 4, 138/12.

13 Otto R., Wehrmacht, Gestapo und sowjetische Gefangene im deutschen Reichsgebiet 1941/42, München 1998, S. 29.

14 Mitschrift eines Vortrages von Oberst Nepf, gehalten vor Moosburger Bürgern in der Stalag-Kantine im Januar 1941, Stadtarchiv Moosburg, 06/45, S. 1.

15 Bericht eines Mitgliedes des Reichsarbeitsdiensts „Erinnerungen eines `Arbeitsmannes` an den Beginn von Stalag VII, September 1939", Stadtarchiv Moosburg, Bestand Stalag VII A Berichte Beginn-Ende, S. 2ff.

16 Otto R., Wehrmacht, Gestapo und sowjetische Gefangene im deutschen Reichsgebiet 1941/42, München 1998, S. 30.

17 Nowak E., Polnische Kriegsgefangene im Dritten Reich, in: Bischof G./Karner S./Stelzl-Marx B. (Hgg.), Kriegsgefangene des Zweiten Weltkriegs, Wien 2005, S. 507-517, S. 515f.

18 Bericht eines Mitgliedes des Reichsarbeitsdiensts „Erinnerungen eines `Arbeitsmannes` an den Beginn von Stalag VII, September 1939", Stadtarchiv Moosburg, Bestand Stalag VII A Berichte Beginn-Ende, S. 3; Mitschrift eines Vortrages von Oberst Nepf, gehalten vor Moosburger Bürgern in der Stalag-Kantine im Januar 1941, Stadtarchiv Moosburg, 06/45, S. 2.

19 Bericht eines Mitgliedes des Reichsarbeitsdiensts „Erinnerungen eines `Arbeitsmannes` an den Beginn von Stalag VII, September 1939", Stadtarchiv Moosburg, Bestand Stalag VII A Berichte Beginn-Ende, S. 3.

20 Mitschrift eines Vortrages von Oberst Nepf, gehalten vor Moosburger Bürgern in der Stalag-Kantine im Januar 1941, Stadtarchiv Moosburg, 06/45, S. 2f.

21 Otto R., Wehrmacht, Gestapo und sowjetische Gefangene im deutschen Reichsgebiet 1941/42, München 1998, S. 31 FN 26.

22 Otto R., Wehrmacht, Gestapo und sowjetische Gefangene im deutschen Reichsgebiet 1941/42, München 1998, S. 30 FN 20.

23 Mitschrift eines Vortrages von Oberst Nepf, gehalten vor Moosburger Bürgern in der Stalag-Kantine im Januar 1941, Stadtarchiv Moosburg, 06/45, S. 2.

24 Niederschrift vom 17.11.1939, Stadtarchiv Moosburg, 06/47.

25 So fragte die Stadtverwaltung mit Schreiben vom 14.05.1941 bei der Graf von Preysing´schen Güterverwaltung an, ob diese bereit wäre, Grundstücke

an Moosburger Landwirte zu verkaufen, die Grund für den Bau des Stalag abtreten mussten. Die Anfrage blieb ergebnislos. Stadtarchiv Moosburg, 06/47.

26 Aktenvermerk von Bürgermeister Dr. Müller „Gefangenenlager in Moosburg betreffend" vom 21.09.1939, Stadtarchiv Moosburg, 06/47.

27 Bericht eines Mitgliedes des Reichsarbeitsdiensts „Erinnerungen eines ˋArbeitsmannesˋ an den Beginn von Stalag VII, September 1939", Stadtarchiv Moosburg, Bestand Stalag VII A Berichte Beginn-Ende, S. 4.

28 Mitschrift eines Vortrages von Oberst Nepf, gehalten vor Moosburger Bürgern in der Stalag-Kantine im Januar 1941, Stadtarchiv Moosburg, 06/45, S. 7.

29 Otto R., Wehrmacht, Gestapo und sowjetische Gefangene im deutschen Reichsgebiet 1941/42, München 1998, S. 32.

30 Otto R., Wehrmacht, Gestapo und sowjetische Gefangene im deutschen Reichsgebiet 1941/42, München 1998, S. 32.

31 Otto R., Wehrmacht, Gestapo und sowjetische Gefangene im deutschen Reichsgebiet 1941/42, München 1998, S. 28.

32 Mitschrift eines Vortrages von Oberst Nepf, gehalten vor Moosburger Bürgern in der Stalag-Kantine im Januar 1941, Stadtarchiv Moosburg, 06/45, S. 2.

33 Otto R., Wehrmacht, Gestapo und sowjetische Gefangene im deutschen Reichsgebiet 1941/42, München 1998, S. 32, S. 32 FN 30; Speckner H., In der Gewalt des Feindes, Wien 2003, S. 38ff.

34 Keller M., Was ist geschehn?, Moosburg 1995, S. 57.

35 Nowak E., Polnische Kriegsgefangene im Dritten Reich, in: Bischof G./Karner S./Stelzl-Marx B. (Hgg.), Kriegsgefangene des Zweiten Weltkriegs, Wien 2005, S. 507-517, S. 515f; Spoerer M., Zwangsarbeit unter dem Hakenkreuz, München 2001, S. 101.

36 vgl. eine Liste verbotener Gegenstände, aufgestellt von Kriegsgefangenen-Mannschaftsstammlager VII A, Gruppe III, Bundesarchiv-Militärarchiv, RH 49/49, Bl. 63.

37 ausführlicher Bericht in der Mitschrift eines Vortrages von Oberst Nepf, gehalten vor Moosburger Bürgern in der Stalag-Kantine im Januar 1941, Stadtarchiv Moosburg, 06/45, S. 3f.

38 Mitschrift eines Vortrages von Oberst Nepf, gehalten vor Moosburger Bürgern in der Stalag-Kantine im Januar 1941, Stadtarchiv Moosburg, 06/45, S. 4.

39 Matiello G., Prisoners of War in Germany 1939-1945, Lodi 2003, S. 76.

40 Aktenvermerk von Bürgermeister Dr. Müller „Gefangenenlager in Moosburg betreffend" vom 21.09.1939, Stadtarchiv Moosburg, 06/47.

41 So waren seit Mitte November 20 Gefangene beim Straßenbau beschäftigt, ein entsprechender Vertrag zwischen der Stadt und dem Stalag datiert vom 15.11.1939, Stadtarchiv Moosburg, 06/57. Außerdem kamen zahlreiche Gefangene beim Bau des städtischen Hauptkanals im Sommer und Herbst 1940 zum Einsatz, Aktenbestand Stadtarchiv Moosburg, 06/31.

42 Kriegsgefangenen-Mannschaftsstammlager VII, Gruppe III, „Brief- und Paketpost", Bundesarchiv-Militärarchiv, RH 49/49 Bl. 33.

43 Ziegler A., Ein Werk des Friedens, München 1979, S. 130f., 174.

44 Speckner H., In der Gewalt des Feindes, Wien 2003, S. 81f.

45 Kriegsgefangenen-Mannschaftsstammlager VII, Gruppe III, „Brief- und Paketpost", Bundesarchiv-Militärarchiv RH 49/49 Bl. 33.

46 Speckner H., In der Gewalt des Feindes, Wien 2003, S. 73, unter Verweis auf ein Merkblatt des OKW vom 20.07.1942.

47 Kriegsgefangenen-Mannschaftsstammlager VII, Gruppe III, „Brief- und Paketpost", Bundesarchiv-Militärarchiv RH 49/49, Bl. 33; Speckner H., In der Gewalt des Feindes, Wien 2003, S. 73.

48 Kriegsgefangenen-Mannschaftsstammlager VII, Gruppe III, „Brief- und Paketpost", Bundesarchiv-Militärarchiv RH 49/49, Bl. 33b; Speckner H., In der Gewalt des Feindes, Wien 2003, S. 74ff.

49 Mitschrift eines Vortrages von Oberst Nepf, gehalten vor Moosburger Bürgern in der Stalag-Kantine im Januar 1941, Stadtarchiv Moosburg, 06/45, S. 9.

50 Speckner H., In der Gewalt des Feindes, Wien 2003, S. 72ff.

51 Speckner H., In der Gewalt des Feindes, Wien 2003, S. 72, S. 72 FN 155 unter Verweis auf ein Merkblatt des OKW vom 20.07.1942.

52 Speckner H., In der Gewalt des Feindes, Wien 2003, S. 81ff.; Ziegler A., In der Gewalt des Feindes, München 1979, S. 133.

53 Mitschrift eines Vortrages von Oberst Nepf, gehalten vor Moosburger Bürgern in der Stalag-Kantine im Januar 1941, Stadtarchiv Moosburg, 06/45, S. 9.

54 Speckner H., In der Gewalt des Feindes, Wien 2003, S. 81; Ziegler A., Ein Werk des Friedens, München 1979, S. 133.

55 Weh L., Stalag VII A – Alpdruck und Schicksal der Stadt Moosburg, in: Keller M. (Hg.), Was ist geschehn?, Moosburg 1995, S. 130-152, S. 138.

56 Kriegsgefangenen-Mannschaftsstammlager VII, Gruppe III, „Brief- und Paketpost", Bundesarchiv-Militärarchiv RH 49/49, Bl. 33b.

57 Meldung des SD Nr. 325 vom 12.10.1942, in: Boberbach H. (Hg.), Meldungen aus dem Reich, Herrsching 1984, S. 4317f.

58 Spoerer M., Zwangsarbeit unter dem Hakenkreuz, München 2001, S. 106, 122ff.; Speckner H., In der Gewalt des Feindes, Wien 2003, S. 47ff.; Mommsen H., In deutscher Hand – Der Arbeitseinsatz sowjetischer Kriegsgefangener 1941-1943 in: Haus der Geschichte der Bundesrepublik Deutschland (Hg.), Kriegsgefangene, Düsseldorf 1995, S. 141-147, S. 145.

59 Mitschrift eines Vortrages von Oberst Nepf, gehalten vor Moosburger Bürgern in der Stalag-Kantine im Januar 1941, Stadtarchiv Moosburg, 06/45, S. 7.

60 Speckner H., In der Gewalt des Feindes, Wien 2003, S. 81f.

61 Stadtarchiv Moosburg, Stalag VII A Bildchronik Bd II; Speckner H., In der Gewalt des Feindes, Wien 2003, S. 48 zur vergleichbaren Situation in Österreich.

62 Schreiben des Brauwirtschaftsverbandes Süddeutschland an den Bürgermeister der Stadt Moosburg vom 12.10.1943, Stadtarchiv Moosburg, 06/72.

63 Stadtarchiv Moosburg, Stalag VII A Bildchronik Bd II.

64 So forderte die Stadt Moosburg beim Ernährungsamt Freising in großem Umfang Bezugsscheine für Lebensmittel für die bei ihr beschäftigten Gefangenen an, Stadtarchiv Moosburg, 06/52; 06/58.

65 Mommsen H., In deutscher Hand, in: Haus der Geschichte der Bundesrepublik Deutschland (Hg.), Kriegsgefangene, Düsseldorf 1995, S. 141-148, S. 146f., am Beispiel sowjetischer Gefangener. Ziegler nennt unter Berufung auf Oberst Burger einen Fall aus dem Zuständigkeitsbereich von Stalag VII A, ders., Ein Werk des Friedens, München 1979, S. 124.

66 Merkblatt „Verhalten gegenüber Kriegsgefangenen", herausgegeben vom OKW und dem Reichspropagandaministerium im Mai 1943, abgedruckt bei Pfahlmann H., Fremdarbeiter und Kriegsgefangene in der deutschen Kriegswirtschaft 1939-1945, Darmstadt 1945, S. 189; Merkblatt „Verhalten gegenüber Kriegsgefangenen im Arbeitseinsatz, herausgegeben vom OKW, der Parteikanzlei und dem Propagandaministerium, Bundesarchiv-Militärarchiv, RH 49/49, Bl. 8.

67 Stalag VII A, Gruppe Verwaltung, „A. Verpflegung", Bundesarchiv-Militärarchiv, RH 49/49, Bl. 39.

68 vgl. entsprechender Schriftverkehr zwischen der Stadt Moosburg und den zuständigen Behörden, zum Beispiel Schreiben der Stadtverwaltung an das Ernährungsamt Freising vom 25.08.1943, in dem Bezugsscheine für Lebensmittel für das Gasthaus zur Lände angefordert wurden, um 25 sowjetische Gefangene im Arbeitseinsatz für die Stadt zu versorgen, Stadtarchiv Moosburg, 06/52.

69 Mommsen H., In deutscher Hand, in: Haus der Geschichte der Bundesrepublik Deutschland (Hg.), Kriegsgefangene, Düsseldorf 1995, S. 141-148, S. 145; Keller R., Das deutsch-russische Forschungsprojekt „Sowjetische Kriegsgefangene" in: Bischof G./Karner S./Stelel-Marx B. (Hgg.), Kriegsgefangene des Zweiten Weltkriegs, Wien 2005, S. 460-475, S. 470ff.

70 Spoerer M., Zwangsarbeit unter dem Hakenkreuz, München 2001, S. 103f.

71 Spoerer M., Zwangsarbeit unter dem Hakenkreuz, München 2001, S. 124f.

72 Mommsen H., In deutscher Hand, in: Haus der Geschichte der Bundesrepublik Deutschland (Hg.), Kriegsgefangene, Düsseldorf 1995, S. 141-147, 146f.

73 Speckner H., In der Gewalt des Feindes, Wien 2003, S. 54ff.

74 Spoerer M., Zwangsarbeit unter dem Hakenkreuz, München 2001, S. 136ff.; Speckner H., In der Gewalt des Feindes, Wien 2003, S. 56.

75 Mitschrift eines Vortrages von Oberst Nepf, gehalten vor Moosburger Bürgern in der Stalag-Kantine im Januar 1941, Stadtarchiv Moosburg, 06/45, S. 8; Kriegsgefangenen-Mannschaftsstammlager VII A Gruppe Verwaltung, Dienstanweisung „Bekleidung", Bundesarchiv-Militärarchiv, RH 49/49, Bl. 37b.

76 Bundesarchiv-Militärarchiv, RH 49/49, Bl. 76f.

77 Erläuterung zur Nachweisung A, Bundesarchiv-Militärarchiv, RH 49/49, Bl. 38.

78 „Bekleidungsnachweis" mit Ausfüllhinweisen auf der Rückseite, Bundesarchiv-Militärarchiv, RH 49/49, Bl. 70,70b.

79 Muster für eine Verlustmeldung, Bundesarchiv-Militärarchiv, RH 49/49, B. 68.

80 Speckner H., In der Gewalt des Feindes, Wien 2003, S. 58 unter Verweis auf einen Runderlass des Reichswirtschaftsminister vom 16.02.1942 und Sammelmitteilungen und Befehlssammlung OKW Nr. 11. BA-MA, RW 6/v. 270.

81 Pfahlmann H., Fremdarbeiter und Kriegsgefangene in der deutschen Kriegswirtschaft 1939-1945, Darmstadt 1968, S. 31, 82f.; hinsichtlich der sowjetischen Gefangenen Mommsen H., In deutscher Hand, in: Haus der Geschichte der Bundesrepublik Deutschland (Hg.), Kriegsgefangene, Düsseldorf 1995, S. 141-147, S. 141; Mojonny G., The labor of prisoners of war in Modern Times, Locarno 1955, S. 32.

82 „Der deutsche Soldat in der Kriegsgefangenenbewachung", Schreiben des OKW vom 16.01.1943, Bundesarchiv-Militärarchiv RH 49/49, S. 4.

83 Mojonny G., The labor of prisoners of war in Modern Times, Locarno 1955, S. 32; Pfahlmann H., Fremdarbeiter und Kriegsgefangene in der deutschen Kriegswirtschaft 1939-1945, Darmstadt 1968, S. 104.

84 Otto R., Wehrmacht, Gestapo und sowjetische Gefangene im deutschen Reichsgebiet 1941/42, München 1998, S. 31 FN 25 unter Hinweis auf ein Schreiben des Wehrkreiskommandos VII vom 22.09.1939.

85 ausführlich mit umfangreichem Zahlenmaterial Pfahlmann H., Fremdarbeiter und Kriegsgefangene in der deutschen Kriegswirtschaft 1939-1945, Darmstadt 1968, S. 104ff.

86 Mojonny G., The labor of prisoners of war in Modern Times, Locarno 1955, S. 32; Pfahlmann H., Fremdarbeiter und Kriegsgefangene in der deutschen Kriegswirtschaft 1939-1945, Darmstadt 1968, S. 114f. mit Details zum Vorgehen; zum Beispiel Anforderung von 20 Hilfsarbeitern durch das Stadtbauamt Moosburg am 14.11.1939, Vertrag zwischen der Stadt Moosburg und dem Deutschen Reich, vertreten durch den Kommandanten des Stalag über die Überlassung von 20 Hilfsarbeitern für den Straßenbau vom 15.11.1939, Stadtarchiv Moosburg, 06/57.

87 Spoerer M., Zwangsarbeit unter dem Hakenkreuz, München 2001, S. 102; als Beispiel zu den Sätzen im Jahr 1940 Schreiben der Gruppe Verwaltung des Stalag VII A (Az. Z. 2 f z 2) vom 08.07.1940, Stadtarchiv Moosburg, 06/57.

88 Matiello G., Prisoners of War in Germany 1939-1945, Lodi 2001, S. 78.

89 Spoerer M., Zwangsarbeit unter dem Hakenkreuz, München 2001, S. 102.

90 Kriegsgefangenen-Mannschaftsstammlager VII A, Gruppe III, Anweisung zur Unterkunft von Gefangenen im Arbeitseinsatz, Bundesarchiv-Militärarchiv, RH 49/49, Bl. 31.

91 Spoerer M., Zwangsarbeit unter dem Hakenkreuz, München 2001, S. 164f.; Nach Oberst Nepf wurden 1940 durchschnittlich 900.000-1.000.000 RM, im Dezember 1940 sogar 1.430.000 RM ausbezahlt, in neun Moosburger Geschäften konnte mit dem Lagergeld eingekauft werden, Mitschrift eines Vortrages von Oberst Nepf, gehalten vor Moosburger Bürgern in der Stalag-Kantine im Januar 1941, Stadtarchiv Moosburg, 06/45, S. 8f.

92 Ziegler A., Ein Werk des Friedens, München 1979, S. 163.

93 Spoerer M., Zwangsarbeit unter dem Hakenkreuz, München 2001, S. 165f.; Die Arbeitsbedingungen und Löhne änderten sich immer wieder, vgl. Stadtarchiv Moosburg Aktenbestand „Kriegsgefangene in der Landwirtschaft", 06/59.

94 Spoerer M., Zwangsarbeit unter dem Hakenkreuz, München 2001, S. 169.

95 Spoerer M., Zwangsarbeit unter dem Hakenkreuz, München 2001, S. 175.

96 Mojonny G., The labor of prisoners of war in Modern Times, Locarno 1955, S. 36; Pfahlmann H., Fremdarbeiter und Kriegsgefangene in der deutschen Kriegswirtschaft 1939-1945, Darmstadt 1968, S. 179.

97 Spoerer M., Zwangsarbeit unter dem Hakenkreuz, München 2001, S. 168ff.

98 Kriegsgefangenen-Mannschaftsstammlager VII A, Merkblatt „Allgemeine Anweisungen für Arbeitseinsatz und Bewachung von Gefangenen, Bundesarchiv-Militärarchiv, RH 49/49, Bl. 48; Formular zur Bestellung eines Hilfswachmanns, Bundesarchiv-Militärarchiv, RH 49-49, Bl. 51; Spoerer M., Zwangsarbeit unter dem Hakenkreuz, München 2001, S. 121.

99 Schreiben des OKW vom 26.06.1942, Az. 2 f 24. 17a Chef Kriegsgef. Allg (I)/Org (IIIB) Nr. 2916/42, Bundesarchiv Militärarchiv, RH 49/49, Bl. 7; Merkblatt „Der deutsche Soldat in der Kriegsgefangenenbewachung" vom 16.01.1943, Bundesarchiv-Militärarchiv, RH 49/49, Bl. 4f.

100 Aktenvermerk von Bürgermeister Müller vom 21.09.1939, Stadtarchiv Moosburg, 06/47.

101 Vertrag im Aktenbestand 06/57 des Stadtarchivs Moosburg.

102 Aktenbestände Stadtarchiv Moosburg 06/30, 06/31 und 06/58. In wöchentlichen Aufstellungen gab die Baufirma die Zahl der an den einzelnen Tagen eingesetzten Gefangenen an, Stadtarchiv Moosburg, Einsatz von Kriegsgefangenen beim Bau des städtischen Hauptkanals, 06/31.

103 Vgl. einen entsprechenden Vermerk des Stadtbauamts vom 28.04.1941, Stadtarchiv Moosburg, 06/57.

104 Der Einsatz und die Zahl der Gefangenen geht aus Schreiben der Stadtverwaltung Moosburg an das Ernährungsamt Freising vom 20.09.1943 und von Herbst 1943 bis Frühjahr 1944 hervor, Stadtarchiv Moosburg, 06/52.

105 Dies geht aus einer nicht genau datierbaren Anforderung von Decken durch die Stadtverwaltung Moosburg hervor, Stadtarchiv Moosburg, 06/46.

106 Schreiben des Kompanieführers der 6. Kompanie des Landesschützenbataillons 512 an den Bürgermeister der Stadt Moosburg vom 07.11.1942, Stadtarchiv Moosburg, 06/49.

107 Pfahlmann H., Fremdarbeiter und Kriegsgefangene in der deutschen Kriegswirtschaft 1939-1945, Darmstadt 1968, S. 187.

108 Merkblatt „Der deutsche Soldat in der Kriegsgefangenenbewachung", Bundesarchiv-Militärarchiv, RH 49/49, S. 5.

109 Akten der Parteikanzlei, zitiert nach Pfahlmann H., Fremdarbeiter und Kriegsgefangene in der deutschen Kriegswirtschaft 1939-1945, Darmstadt 1968, S. 187.

110 Akten der Parteikanzlei, zitiert nach Pfahlmann H., Fremdarbeiter und Kriegsgefangene in der deutschen Kriegswirtschaft 1939-1945, Darmstadt 1968, S. 187.

111 Stadtarchiv Moosburg, 06/69.

112 Pfahlmann H., Fremdarbeiter und Kriegsgefangene in der deutschen Kriegswirtschaft 1939-1945, Darmstadt 1968, S. 187 ff.

113 Merkblatt „Verhalten gegenüber Kriegsgefangenen", abgedruckt bei Pfahlmann H., Fremdarbeiter und Kriegsgefangene in der deutschen Kriegswirtschaft 1939-1945, Darmstadt 1968, S. 188.

114 Schreiben Nr. 5663 des Schutzpolizeipostens Moosburg vom 02.11.1940 an den Bürgermeister der Stadt Moosburg, Stadtarchiv Moosburg, 06/69.

115 Speckner H., In der Gewalt des Feindes, Wien 2003, S. 157.

116 Schreiben Nr. 35 des Schutzpolizeipostens Moosburg vom 07.01.1940 an den Freisinger Landrat, Stadtarchiv Moosburg, 06/69.

117 Aktenvermerk vom 04.04.1942, Stadtarchiv Moosburg, 06/66.

118 Merkblatt „Verhalten gegenüber Kriegsgefangenen"
    von 1940, abgedruckt bei Pfahlmann H., Fremdarbeiter
    und Kriegsgefangene in der deutschen
    Kriegswirtschaft 1939-1945, Darmstadt 1968, S. 188.
119 Merkblatt „Verhalten gegenüber Kriegsgefangenen im
    Arbeitseinsatz" erstellt vom OKW, der Parteikanzlei und
    dem Propagandaministerium vom Juli 1943,
    Bundesarchiv-Militärarchiv, RH 49/49, Bl. 8.
120 Schreiben des Stellvertretenden Generalkommandos
    VII A.K. Az I a Kr. Gef.-Nr. 730/40 vom 15.01.1940,
    Bundesarchiv-Militärarchiv, RH 49/49, Bl. 18.
121 Landesschützenbataillon 512, Rundschreiben Nr. 2/43
    vom 22.02.1943, Stadtarchiv Moosburg, 06/48.
122 Kriegsgefangenen-Mannschaftsstammlager VII A
    Lagerordnung vom 08.01.1944, Bundesarchiv-
    Militärarchiv, RH 49/49, Bl. 88.
123 Weh L., Stalag VII A – Alpdruck und Schicksal der Stadt
    Moosburg in: Keller M. (Hg.), Was ist geschehn?,
    Moosburg 1995, S. 130-152, S. 137.
124 Speckner H., In der Gewalt des Feindes, Wien 2003,
    S. 156.
125 Landesschützenbataillon 512, Rundschreiben Nr. 2/43
    vom 22.02.1943, Stadtarchiv Moosburg, 06/48.
126 Schreiben des Bürgermeisters der Stadt Moosburg vom
    22.08.1942 mit Unterschriftenliste, Stadtarchiv
    Moosburg, 06/69.
127 Bekanntmachung über das Betreten des
    Kriegsgefangenenlagers Moosburg vom 23.10.1939,
    Stadtarchiv Moosburg, 06/46.
128 Ziegler A., Ein Werk des Friedens, München 1979.
129 Ziegler A., Ein Werk des Friedens, München 1979,
    S. 130f., S. 174.
130 Ziegler A., Ein Werk des Friedens, München 1979,
    S. 46f.; So teilte am 30.10.1944 Stadtpfarrer Schiml
    dem Freisinger Landrat mit, dass am 12.11.1944 in
    der Moosburger Johanneskirche ein Gottesdienst für
    die katholischen Ukrainer abgehalten wird, Stadtarchiv
    Moosburg, 06/65.
131 Ziegler A., Ein Werk des Friedens, München 1979, S. 48.
132 Ziegler A., Ein Werk des Friedens, München 1979,
    S. 48ff.

133 Ziegler A., Ein Werk des Friedens, München 1979,
    S. 93, 101, 103, 157.
134 Ziegler A., Ein Werk des Friedens, München 1979, S. 146f.
135 Ziegler A., Ein Werk des Friedens, München 1979,
    S. 104ff.
136 Ziegler A., Ein Werk des Friedens, München 1979,
    S. 108f.
137 Ziegler A., Ein Werk des Friedens, München 1979,
    S. 38ff.
138 Ziegler A., Ein Werk des Friedens, München 1979,
    S. 52ff., 143.
139 Ziegler A., Ein Werk des Friedens, München 1979, S. 47,
    161f., 185, 210, 248, 252; Stadtarchiv Moosburg,
    Stalag VII A Bildchronik Bd II.
140 Alckens A., Kulturelles Leben im Stalag, Stadtarchiv
    Moosburg, Bestand Stalag VII A Kulturelles Leben im
    Stalag; August Alckens war als Dolmetscher im Lager
    eingesetzt.
141 Zu deutsch „Bindestrich"; einige Exemplare haben sich
    in Kopie im Stadtarchiv Moosburg erhalten, Bestand
    Stalag VII A Kulturelles Leben im Stalag.
142 Speckner H., In der Gewalt des Feindes, Wien 2003,
    S. 91ff.
143 Stadtarchiv Moosburg, Stalag VII A Bildchronik Bd II.
144 Speckner H., In der Gewalt des Feindes, Wien 2003,
    S. 63.
145 Mitschrift eines Vortrages von Oberst Nepf, gehalten vor
    Moosburger Bürgern in der Stalag-Kantine im Januar
    1941, Stadtarchiv Moosburg, 06/45, S. 6ff.
146 Ziegler A., Ein Werk des Friedens, München 1979,
    S. 44f.; Speckner H., In der Gewalt des Feindes, Wien
    2003, S. 59, 69.
147 Speckner H., In der Gewalt des Feindes, Wien 2003,
    S. 63f., am Beispiel von Stalag XVII B, doch dürfte
    es sich angesichts der in den Lagern insoweit ähnlichen
    Situation um ein allgemeines Phänomen gehandelt
    haben; Undatiertes Merkblatt des Truppen-
    und Lagerarztes des Kriegsgefangenen-
    Mannschaftsstammlagers VII A, Bundesarchiv-
    Militärarchiv, RH 49/49, Bl. 42; Ziegler A., Ein Werk des
    Friedens, München 1979, S. 100.

148 Undatiertes Merkblatt des Truppen- und Lagerarztes
des Kriegsgefangenen-Mannschaftsstammlagers VII A,
Bundesarchiv-Militärarchiv, RH 49/49, Bl. 40.

149 Undatiertes Merkblatt des Truppen- und Lagerarztes
des Kriegsgefangenen-Mannschaftsstammlagers VII A,
Bundesarchiv-Militärarchiv, RH 49/49, Bl. 42; Speckner
H., In der Gewalt des Feindes, Wien 2003, S. 70.

150 Speckner H., In der Gewalt des Feindes, Wien 2003,
S. 70.

151 Schreiben zweier Mitarbeiter der Kartei von Stalag VII A
an die Stadt Moosburg vom 28.05.1947 und vom
24.05.1947, Stadtarchiv Moosburg, 06/36; Totenschein
für den im Lagerlazarett verstorbenen amerikanischen
Gefangenen Fred Bradshaw, eingegangen bei der Stadt
Moosburg am 23.04.1945, Stadtarchiv Moosburg, 06/37.

152 Schreiben eines Mitarbeiters der Kartei von Stalag
VII A an die Stadt Moosburg vom 17.06.1947, Stadtarchiv
Moosburg, 06/37.

153 Die verschiedenen Listen befinden im Aktenbestand
„Kriegsgefangenenfriedhof Thonstetten" des
Stadtarchivs Moosburg, 06/36.

154 Stadtarchiv Moosburg, 06/36.

155 Ziegler zitiert hier einen Vortrag von Oberst Burger,
gehalten 1962, Ziegler A., Ein Werk des Friedens,
München 1979, S. 99.

156 Liste der verstorbenen britischen Gefangenen,
Stadtarchiv Moosburg, 06/68.

157 Liste der verstorbenen US-amerikanischen Gefangenen,
Stadtarchiv Moosburg, 06/37.

158 Vgl. dazu auch die Listen der auf dem Friedhof
Moosburg und dem Friedhof Oberreit bestatteten
sowjetischen Gefangenen, Stadtarchiv Moosburg, 06/42.

159 Liste der verstorbenen französischen Gefangenen,
Stadtarchiv Moosburg, 06/39.

160 Liste der verstorbenen italienischen Gefangenen,
Stadtarchiv Moosburg, 06/40.

161 Liste der verstorbenen jugoslawischen Gefangenen,
Stadtarchiv Moosburg, 06/41.

162 Liste der verstorbenen britischen Gefangenen,
Stadtarchiv Moosburg, 06/68.

163 Liste der verstorbenen US-amerikanischen Gefangenen,
Stadtarchiv Moosburg, 06/37.

164 Ziegler A., Ein Werk des Friedens, München 1979,
S. 100.

165 Mommsen H., In deutscher Hand, in: Haus der
Geschichte der Bundesrepublik Deutschland (Hg.),
Kriegsgefangene, Düsseldorf 1995, S. 141-147, S. 141.

166 Otto R., Wehrmacht, Gestapo und sowjetische
Gefangene im deutschen Reichsgebiet 1941/42,
München 1998 S. 271 zu den Zuständen in den
„Russenlagern" auf deutschem Reichsgebiet.
Zu Bergen-Belsen Keller R., Das deutsch-russische
Forschungsprojekt „Sowjetische Kriegsgefangene" in:
Bischof G./Karner S./Stelel-Marx B. (Hgg.),
Kriegsgefangene des Zweiten Weltkriegs, Wien 2005, S.
460-475, S. 472.

167 Liste der verstorbenen britischen Gefangenen,
Stadtarchiv Moosburg, 06/68.

168 Bundesarchiv-Militärarchiv, RH 49/49, Bl. 1.

169 Speckner H., In der Gewalt des Feindes, Wien 2003,
S. 58.

170 Speckner H., In der Gewalt des Feindes, Wien 2003,
S. 59; Schreiben eines Mitarbeiters der Kartei von
Stalag VII A an die Stadt Moosburg vom 24.05.1947,
Stadtarchiv Moosburg, 06/36; Ziegler A., Ein Werk des
Friedens, München 1979, S. 79ff., 93.

171 Schreiben eines Mitarbeiters der Kartei von Stalag
VII A an die Stadt Moosburg vom 24.05.1947, Stadtarchiv
Moosburg, 06/36; Liste der auf dem Friedhof Oberreit
bestatteten sowjetischen Gefangenen aus dem Jahr
1984, Stadtarchiv Moosburg, 06/36.

172 Liste der verstorbenen britischen Kriegsgefangenen,
Stadtarchiv Moosburg 06/68.

173 Ausführlich dazu und zu den ideologischen
Hintergründen Streit C., Keine Kameraden, Bonn 2001,
S. 72ff.

174 Otto R., Wehrmacht, Gestapo und sowjetische
Kriegsgefangene im deutschen Reichsgebiet 1941/42,
München 1998, S. 48ff., 268; Streim A., Sowjetische
Gefangene in Hitlers Vernichtungskrieg, Heidelberg
1982, S. 30ff.

175 Otto R., Wehrmacht, Gestapo und sowjetische
Kriegsgefangene im deutschen Reichsgebiet 1941/42,
München 1998, S. 208f. Auch im Wehrkreis II Stettin

kam es zu Kontroversen zwischen Wehrmacht und Gestapo, doch ist darüber fast nichts bekannt.

176 Mit Hinweis auf Ermittlungsakten Otto R., Wehrmacht, Gestapo und sowjetische Kriegsgefangene im deutschen Reichsgebiet 1941/42, München 1998, S. 208ff.; außerdem Streit C., Keine Kameraden, Bonn 2001, S. 95ff.; Streim A., Sowjetische Gefangene in Hitlers Vernichtungskrieg, Heidelberg 1982, S. 36ff.

177 Die Akten sind fast vollständig abgedruckt in: Sekretariat des internationalen Militärgerichtshofs (Hg.), Der Prozess gegen die Hauptkriegsverbrecher vor dem Internationalen Militärgerichtshof, Bd. XXXVIII, Nürnberg 1949, S. 419-498 (Beweisstück 178-R).

178 Ermittlungsverfahren der Staatsanwaltschaft München I, Az 1 Js Gen. 119-125/50, Staatsarchiv München Staatsanw. Nr. 20988.

179 Keller R., Sowjetische Kriegsgefangene im Deutschen Reich 1941/42, Göttingen 2011, S. 90.

180 Aussage Oberst Nepf im Verfahren Staatsanwaltschaft München I, Az 1 Js Gen. 119-125/50, Staatsarchiv München Staatsanw. Nr. 20988, Bl. 264. Ein Teil der Gefangenen war bereits im Arbeitseinsatz, Aktenvermerk der Gestapo-Stelle München vom 12.09.1941, Der Prozess gegen die Hauptkriegsverbrecher, Nürnberg 1949, Bd. XXXVIII, S. 419f.

181 Bericht der Gestapo-Stelle München vom 16.01.1941; Der Prozess gegen die Hauptkriegsverbrecher, Nürnberg 1949, Bd, XXXVIII, S. 440f..

182 Fernschreiben Nr. 18193 der Gestapo Stelle Dresden vom 25.09.1941 und Nr. 18149 vom 24.09.1941 der Gestapo-Stelle Halle an die Gestapo-Stelle München, Der Prozess gegen die Hauptkriegsverbrecher, Nürnberg 1949, Bd. XXXVIII, S. 422f.

183 Bericht der Gestapo-Stelle München vom 16.01.1942, Der Prozess gegen die Hauptkriegsverbrecher, Nürnberg 1949, Bd. XXXVIII, S.441; Otto R., Wehrmacht, Gestapo und sowjetische Kriegsgefangene im deutschen Reichsgebiet 1941/42, München 1998, S. 211 FN 254.

184 Aussage eines bei den Vernehmungen eingesetzten Wehrmachtsdolmetschers im Verfahren Staatsanwaltschaft München I, Az 1 Js Gen. 119-125/50, Staatsarchiv München Staatsanw. Nr. 20988, Bl. 265.

185 Zum Beginn der Tätigkeit des Einsatzkommandos Bericht der Gestapo-Stelle München vom 26.11.1941, Der Prozess gegen die Hauptkriegsverbrecher, Nürnberg 1949, Bd. XXXVIII, S. 447; Zur Personalstärke Aussage eines an den Aussonderungen beteiligten Gestapo-Beamten im Verfahren Staatsanwaltschaft München I, Az 1 Js Gen. 119-125/50, Staatsarchiv München Staatsanw. Nr. 20988, Bl. 290 RS.

186 Aussage Hauptmann Hörmanns im Verfahren Staatsanwaltschaft München I, Az 1 Js Gen. 119-125/50, Staatsarchiv München Staatsanw. Nr. 20988, Bl. 252; Aussage eines bei den Vernehmungen eingesetzten Wehrmachtsdolmetschers im Verfahren Staatsanwaltschaft München I, Az 1 Js Gen. 119-125/50, Staatsarchiv München Staatsanw. Nr. 20988, Bl. 303.

187 Zur Zahl der Überprüften Bericht der Gestapo-Stelle München vom 15.11.1941, Der Prozess gegen die Hauptkriegsverbrecher, Nürnberg 1949, Bd. XXXVIII, S. 424f.; Zum Ablauf der Überprüfungen Aussage eines eingesetzten Wehrmachtsdolmetschers im Verfahren Staatsanwaltschaft München I, Az 1 Js Gen. 119-125/50, Staatsarchiv München Staatsanw. Nr. 20988, Bl. 269ff; Aussagen zweier beteiligter Gestapo-Beamter im Verfahren Staatsanwaltschaft München I, Az 1 Js Gen. 119-125/50, Staatsarchiv München Staatsanw. Nr. 20988, Bl. 259ff., 290ff.; Aussage Major Meinels im Verfahren Staatsanwaltschaft München I, Az 1 Js Gen. 119-125/50, Staatsarchiv München Staatsanw. Nr. 20988, Bl. 316.

188 Bericht der Gestapo-Stelle München vom 15.11.1941, Der Prozess gegen die Hauptkriegsverbrecher, Nürnberg 1949, Bd. XXXVIII, S. 424ff.

189 Dies ist vor allem aus den Aussagen Nepfs und Hörmanns im Verfahren Staatsanwaltschaft München I, Az 1 Js Gen. 119-125/50, Staatsarchiv München Staatsanw. Nr. 20988, Bl. 252, 264 und aus ihrem weiteren Vorgehen zu schließen.

190 Aussagen Nepfs und Hörmanns im Verfahren
Staatsanwaltschaft München I, Az 1 Js Gen. 119-125/50,
Staatsarchiv München Staatsanw. Nr. 20988, Bl. 252,
264.

191 Aussage des Dolmetschers im Verfahren
Staatsanwaltschaft München I, Az 1 Js Gen. 119-125/50,
Staatsarchiv München Staatsanw. Nr. 20988, Bl. 265ff.

192 Otto R., Wehrmacht, Gestapo und sowjetische
Kriegsgefangene im deutschen Reichsgebiet 1941/42,
München 1998, S. 224.

193 Aussage Hörmanns im Verfahren Staatsanwaltschaft
München I, Az 1 Js Gen. 119-125/50, Staatsarchiv
München Staatsanw. Nr. 20988, Bl. 252; Die Gestapo
verhandelte dann nicht mehr mit ihm, sondern nur
noch mit Oberst Nepf; Aussage eines der eingesetzten
Wehrmachtsdolmetscher im Verfahren Staatsanwaltschaft
München I, Az 1 Js Gen. 119-125/50, Staatsarchiv
München Staatsanw. Nr. 20988, Bl. 266RS; Aussage
Generalmajors v. Saurs im Verfahren
Staatsanwaltschaft München I, Az 1 Js Gen. 119-125/50,
Bl. 299; Bericht der Gestapo-Stelle München vom
17.12.1941, Der Prozess gegen die Hauptkriegsverbrecher,
Nürnberg 1949, Bd. XXXVIII, S. 490ff..

194 Aussage Meinels im Verfahren Staatsanwaltschaft
München I, Az 1 Js Gen. 119-125/50, Staatsarchiv
München Staatsanw. Nr. 20988, Bl. 316.

195 Aussage Meinels im Verfahren Staatsanwaltschaft
München I, Az 1 Js Gen. 119-125/50, Staatsarchiv
München Staatsanw. Nr. 20988, Bl. 316; Otto R.,
Wehrmacht, Gestapo und sowjetische Kriegsgefangene
im deutschen Reichsgebiet 1941/42, München 1998,
S. 213 unter Auswertung weiterer Ermittlungsakten.

196 Fernschreiben des Reichssicherheitshauptamts Nr.
21231 vom 13.11.1941 an die Gestapo-Stelle München,
Der Prozess gegen die Hauptkriegsverbrecher,
Nürnberg 1949, Bd. XXXVIII, S. 423f.

197 Berichte der Gestapo-Stelle München vom
15.11.1941 und vom 17.12.1941, Der Prozess gegen
die Hauptkriegsverbrecher, Nürnberg 1949, Bd. XXXVIII
S. 424ff., 490ff.

198 Bericht der Gestapo-Stelle München vom 24.11.1941
und Stellungnahme Major Meinels zum Gespräch, Der

Prozess gegen die Hauptkriegsverbrecher, Nürnberg
1949, Bd. XXXVIII, S. 432ff., 439f.

199 Bericht der Gestapo-Stelle München vom 26.11.1941,
Der Prozess gegen die Hauptkriegsverbrecher,
Nürnberg 1949, Bd. XXXVIII, S. 447ff.; Zur Zahl der
nach Dachau gebrachten Otto R., Wehrmacht,
Gestapo und sowjetische Kriegsgefangene im
deutschen Reichsgebiet 1941/42, München 1998, S. 217.

200 Aussagen Hörmanns und Nepfs im Verfahren
Staatsanwaltschaft München I, Az 1 Js Gen. 119-125/50,
Staatsarchiv München Staatsanw. Nr. 20988, Bl. 252f.,
264f.

201 Dies ist aus einem Schreiben v. Saurs an die Gestapo-
Stelle München vom 14.01.1942, Az. BXI/12 Nr. 15 geh.
zu schließen (Der Prozess gegen die
Hauptkriegsverbrecher, Nürnberg 1949, Bd. XXXVIII,
S. 443f.). In diesem Schreiben nimmt v. Saur Bezug
auf ein Schreiben der Gestapo vom 09.01.1941 an den
Kommandanten von Stalag VII A, er lehnt die
Herausgabe der restlichen Gefangenen ab; so auch Otto
R., Wehrmacht, Gestapo und sowjetische
Kriegsgefangene im deutschen Reichsgebiet 1941/42,
München 1998, S. 217.

202 Bericht der Gestapo-Stelle München vom 16.01.1942
und Bericht der Gestapo-Stelle Regensburg an das
Reichssicherheitshauptamt vom 19.01.1942, Der
Prozess gegen die Hauptkriegsverbrecher, Nürnberg
1949, Bd. XXXVIII S. 440ff., 452ff.

203 Otto R., Wehrmacht, Gestapo und sowjetische
Kriegsgefangene im deutschen Reichsgebiet 1941/42,
München 1998, S. 224.

204 Otto R., Wehrmacht, Gestapo und sowjetische
Kriegsgefangene im Reichsgebiet 1941/42, München
1998, S. 218f..

205 Schreiben der Gestapo-Stelle München an das
Reichssicherheitshauptamt vom 28.01.1942, Der
Prozess gegen die Hauptkriegsverbrecher, Nürnberg
1949, Bd. XXXVIII, S. 474f.

206 Schreiben der Gestapo-Stelle München an das
Reichssicherheitshauptamt vom 26.01.1942, Der
Prozess gegen die Hauptkriegsverbrecher, Nürnberg
1949, Bd. XXXVIII, S. 467ff.

207 Otto R., Wehrmacht, Gestapo und sowjetische Kriegsgefangene im Reichsgebiet 1941/42, München 1998, S. 220f., 268.

208 Dazu und generell zum Vorgehen Schreiben v. Saurs vom 26.02.1942 (Az. B X I / 12 Nr. 57 geh) an das Mannschaftsstammlager VII A Moosburg, in Abdruck an die Gestapo-Stelle München, Der Prozess gegen die Hauptkriegsverbrecher, Nürnberg 1949, Bd. XXXVIII, S. 486f.

209 Aussagen Nepfs und Hörmanns im Verfahren Staatsanwaltschaft München I, Az 1 Js Gen. 119-125/50, Staatsarchiv München Staatsanw. Nr. 20988, Bl. 264, 301 RS; Nepf gibt an, bis zum 05.01.1943 Kommandant des Stalag gewesen zu sein.

210 Otto R., Wehrmacht, Gestapo und sowjetische Kriegsgefangene im Reichsgebiet 1941/42, München 1998, S. 221.

211 Aussage Meinels im Verfahren Staatsanwaltschaft München I, Az 1 Js Gen. 119-125/50, Staatsarchiv München Staatsanw. Nr. 20988, Bl. 316 RS.

212 Dazu ausführlich, auch andere Verfahrensakten heranziehend Otto R., Wehrmacht, Gestapo und sowjetische Kriegsgefangene im Reichsgebiet 1941/42, München 1998, S. 228f.

213 Nepf war 1941 65 Jahre alt, Meinel 64 Jahre alt, v. Saur ebenfalls 65 Jahre alt, lediglich Hörmann gehörte mit 46 Jahren einer jüngeren Generation an, vgl. die entsprechenden Aussagen im Verfahren Staatsanwaltschaft München I, Az 1 Js Gen. 119-125/50, Staatsarchiv München Staatsanw. Nr. 20988, Bl. 264, 316, 299, 252.

214 Aussage im Verfahren Staatsanwaltschaft München I, Az 1 Js Gen. 119-125/50, Staatsarchiv München Staatsanw. Nr. 20988, Bl. 268.

215 Aussage Hörmanns im Verfahren Staatsanwaltschaft München I, Az 1 Js Gen. 119-125/50, Staatsarchiv München Staatsanw. Nr. 20988, Bl. 253, 301 RS.

216 exemplarisch ist hier die Aussage des Kommandierenden Generals des Stellvertretenden Generalkommandos VII, General der Artillerie v. Wachenfeld, dem ranghöchsten Vorgesetzen v. Saurs vor Ort. V. Wachenfeld gibt an, dass v. Saur ihm von den Aussonderungen berichtet habe und dass er davon ausgehe, dass die Gefangenen erschossen würden, er habe auch bei General Reinecke protestiert. V. Wachenfeld erklärt dann, er habe mit v. Saur die Situation erörtert, beide hätten festgestellt, dass es nun keinen weiteren Weg mehr gäbe. Die Idee, den Befehl zu verweigern, spricht v. Wachenfeld nicht an, Aussage v. Wachenfelds im Verfahren Staatsanwaltschaft München I, Az 1 Js Gen. 119-125/50, Staatsarchiv München Staatsanw. Nr. 20988, Bl. 304; auch in den Aussagen der beteiligten Offiziere wird die Befehlsverweigerung nicht angesprochen.

217 Pfahlmann H., Fremdarbeiter und Kriegsgefangene in der deutschen Kriegswirtschaft 1939-1945, Darmstadt 1968, S. 183f.

218 vgl. die zahlreichen entsprechenden Schreiben an die Stadtverwaltung Moosburg zum Beispiel Stadtarchiv Moosburg, 06/67.

219 Speckner H., In der Gewalt des Feindes, Wien 2003, S. 111ff.

220 So wurden auch in Moosburg zahlreiche Personen zu Hilfspolizisten zur Bewachung von Kriegsgefangenen ernannt, zum Beispiel Mitarbeiter derjenigen Betriebe, in denen Gefangene im Arbeitseinsatz waren, exemplarisch Liste vom 06.06.1941 mit 70 Namen, Stadtarchiv Moosburg, 06/55.

221 Abschrift der Anordnung des Reichsführers SS und Chefs der Deutschen Polizei im Reichsministerium des Innern, Az O-Kdo I O (4) Nr. 6/42 vom 17.01.1942 an den Kommandeur der Gendarmerie beim Regierungspräsidenten in München, von dort mit Anmerkungen als Schreiben Nr. 520 (als Abschrift) an den Freisinger Gendarmerie-Kreisführer, von dort als Schreiben Nr. 162 an den Bürgermeister der Stadt Moosburg, Stadtarchiv Moosburg, 06/67.

222 Speckner H., In der Gewalt des Feindes, Wien 2003, S. 74f.

223 Vermerk der städtischen Kassenverwaltung vom 08.07.1942, Stadtarchiv Moosburg, 06/57. Die städtische Kassenverwaltung schlug vor, um „Scherereien aus dem Wege zu gehen" die beiden Gefangenen ins Lager zurückzubringen.

224 Anweisung „Kontrollmaßnahmen zur Verhinderung von Fluchten am Wochenende", Bundesarchiv-Militärarchiv, RH 49/49, Bl. 27. Die Anordnung Oberst Burgers ist nicht datiert, doch nimmt Oberst Burger hinsichtlich der Urlaubsregelung der Wachmannschaften Bezug auf die Anordnung A.H.M. 1943 Anschr. 867 Ziffer 105, sodass die Anordnung Oberst Burgers 1943 oder später ergangen sein muss. Außerdem gab es Merkblätter, wie eine Fluchtmeldung zu verfassen sei, Bundesarchiv-Militärarchiv, RH 49/49, Bl. 25, 26f.

225 Pfahlmann H., Fremdarbeiter und Kriegsgefangene in der deutschen Kriegswirtschaft 1939-1945, Darmstadt 1968, S. 183f.; In einer „Allgemeine[n] Anweisung für Arbeitseinsatz und Bewachung von Kriegsgefangenen" des Stalag VII A heißt es „Bei sowjetischen Kriegsgefangenen immer ohne Anruf schießen", Bundesarchiv-Militärarchiv, RH 49/49, Bl. 48b.

226 „Merkblatt für den Kommandoführer bei Todesfällen von Kriegsgefangenen", Bundesarchiv-Militärarchiv, RH 49/49, Bl. 1f.

227 Ziegler A., Ein Werk des Friedens, München 1979, S. 99; Allerdings bemühte sich die Lagerleitung von Stalag VII A so weit wie möglich zu verhindern, dass Gefangene in den Machtbereich von Gestapo und SS gelangten, Aussage des Abwehroffiziers von Stalag VII A, Hauptmann Hörmann, im Verfahren Staatsanwaltschaft München I, Az 1 Js Gen. 119-125/50, Staatsarchiv München Staatsanw. Nr. 20988, Bl. 252 RS.

228 Ziegler A., Ein Werk des Friedens, München 1979, S. 95f.; Liste der verstorbenen britischen Gefangenen, Stadtarchiv Moosburg, 06/68; Liste der verstorbenen US-amerikanischen Gefangenen, Stadtarchiv Moosburg, 06/37.

229 Anweisung „Kontrollmaßnahmen zur Verhinderung von Fluchten am Wochenende", Bundesarchiv-Militärarchiv, RH 49/49 Bl. 27.

230 Ziegler A., Ein Werk des Friedens, München 1979, S. 97, 155.

231 Merkblatt „Verhalten gegenüber Kriegsgefangenen im Arbeitseinsatz", erstellt in Zusammenarbeit von OKW, Parteikanzlei und Propagandaministerium vom 16. Juli 1943, Bundesarchiv-Militärarchiv, RH 49/49, Bl. 8.

232 Kriegsgefangenen-Mannschaftsstammlager VII A, Merkblatt für disziplinarische Bestrafung von Gefangenen, Bundesarchiv-Militärarchiv, RH 49/49, Bl. 9f.; Speckner H., In der Gewalt des Feindes, Wien 2003, S. 110.

233 Ziegler A., Ein Werk des Friedens, München 1979, S. 137.

234 Kriegsgefangenen-Mannschaftsstammlager VII A, Merkblatt für disziplinarische Bestrafung von Gefangenen, Bundesarchiv-Militärarchiv, RH 49/49, Bl. 9f.

235 Speckner H., In der Gewalt des Feindes, Wien 2003, S. 136ff.

236 „Allgemeine Anweisung für Arbeitseinsatz und Bewachung von Kriegsgefangenen" des Stalag VII A Bundesarchiv-Militärarchiv, RH 49/49, Bl. 48b; Schreiben des OKW vom 26.06.1942, Az. 2 f 24.17a Chef Kriegsgefangene Allg (I)/Org (IIIB) Nr. 2916/42, Bundesarchiv-Militärarchiv, RH 49/49, Bl. 7.

237 Liste der verstorbenen britischen Gefangenen, Stadtarchiv Moosburg, 06/68.

238 Speckner H., In der Gewalt des Feindes, Wien 2003, S. 136f. anhand zahlreicher Beispiele; Ziegler A., Ein Werk des Friedens, München 1979, S. 95f.

239 Streim A., Sowjetische Gefangene in Hitlers Vernichtungskrieg, Heidelberg 1982, S. 103ff.; Speckner H., In der Gewalt des Feindes, Wien 2003, S. 139ff. vor allem zum Wirken dieser Gruppe in Österreich und ihrer Zusammenarbeit mit anderen dortigen Widerstandsgruppen.

240 Schreiben des Hauptvertrauensmanns der französischen Gefangenen in Stalag VII A, J. Grospiron, an die Stadt Moosburg aus dem Jahr 1982, Stadtarchiv Moosburg, Stalag VII A Berichte Beginn-Ende, Bl. 12ff.

241 Zur militärischen Entwicklung in den letzten Kriegsjahren Bullock A., Hitler, Düsseldorf 1961, S. 775ff.; ders., Hitler und Stalin, München 1998, S. 1130ff.; Churchill W., Der Zweite Weltkrieg, Bern 1985, S. 986, 1036, 1065; Zur Situation in Berlin Bullock A., Hitler, Düsseldorf 1961, S. 792ff., ders., Hitler und Stalin

München 1998, S. 1157; Fest J., Der Untergang, Hamburg 2003.

242 Ziegler W., Bayern im Übergang. Vom Kriegsende zur Besatzung 1945, in: Pfister P. (Hg.), Das Ende des Zweiten Weltkriegs im Erzbistum München und Freising Teil I, München 2005, S. 33-104, S. 49f.; Albrecht D./Gelberg K. (Hg.), Das Neue Bayern – Handbuch der Bayerischen Geschichte begründet von Max Spindler, Bd. IV 1. Teilband, München 2003, S. 635ff.

243 Wehrmachtsberichte vom 27-30.04.1945, dtv (Hg.), München 1985, Bd. 3, S. 558-562.

244 Diem V., Die Freiheitsaktion Bayern, Kallmünz 2013, S. 23ff.; Henke K., Die amerikanische Besetzung Deutschlands, München 1995, S. 765.

245 Albrecht D./Gelberg K. (Hg.), Das Neue Bayern – Handbuch der Bayerischen Geschichte begründet von Max Spindler, Bd. IV 1. Teilband, München 2003, S. 636f.

246 Ziegler A., Ein Werk des Friedens, München 1979, S. 85.

247 Weh L., Stalag VII A – Alpdruck und Schicksal der Stadt Moosburg, in: Keller M. (Hg.), Was ist geschehn?, Moosburg 1995, S. 130-152, S. 143f.

248 Ziegler A., Ein Werk des Friedens, München 1979, S. 84; Weh L., Stalag VII A – Alpdruck und Schicksal der Stadt Moosburg, in: Keller M. (Hg.), Was ist geschehn?, Moosburg 1995, S. 130-152, S. 144.

249 Bericht des Stadtpfarrers Alois Schiml, in: Pfister P. (Hg.), Das Ende des Zweiten Weltkriegs im Erzbistum München und Freising, Teil II, München 2005, S. 842-848, S. 843; Erlebnisbericht Major Kollers vom 01.04-01.05.1945, Stadtarchiv Moosburg, Stalag VII A Berichte Beginn-Ende S. 2.

250 Erlebnisbericht Major Kollers vom 01.04-01.05.1945, Stadtarchiv Moosburg, Stalag VII A Berichte Beginn-Ende S. 2.

251 Erlebnisbericht Major Kollers vom 01.04-01.05.1945, Stadtarchiv Moosburg, Stalag VII A Berichte Beginn-Ende S. 2; Ziegler A., Ein Werk des Friedens, München 1979, S. 229.

252 Erlebnisbericht Major Kollers vom 01.04-01.05.1945, Stadtarchiv Moosburg, Stalag VII A Berichte Beginn-Ende S. 3.

253 So zitiert Oberst Burger einen nicht näher gekennzeichneten Bericht des Roten Kreuzes, Bericht Oberst Burgers, Stadtarchiv Moosburg Stalag VII A Berichte Beginn-Ende, S. 7.

254 Die Zahlen 60.000 und 70.000 nennt Burger ohne nähere Erläuterung in seinem Bericht vom Kriegsende, Bericht Oberst Burgers, Stadtarchiv Moosburg Stalag VII A Berichte Beginn-Ende, S. 4, 6.

255 Ziegler A., Ein Werk des Friedens, München 1979, S. 229.

256 So zitiert Oberst Burger vol. 5 Nr. 39 der Army Times vom 05.05.1945, Bericht Oberst Burgers, Stadtarchiv Moosburg Stalag VII A Berichte Beginn-Ende, S. 7.

257 Matiello G., Prisoners of War in Germany 1939-1945, Lodi 2003, S. 78.

258 Weh L., Stalag VII A – Alpdruck und Schicksal der Stadt Moosburg, in: Keller M (Hg.), Was ist geschehn?, Moosburg 1995, S. 130-152, S. 143f.; Weh zitiert hier einen nicht näher beschriebenen Bericht Oberst Burgers.

259 Stadtarchiv Moosburg, Stalag VII A Bildchronik Bd II.

260 Matiello G., Prisoners of War in Germany 1939-1945, Lodi 2003, S. 78.

261 Speckner H., In der Gewalt des Feindes, Wien 2003, S. 36; auch Baracken, die bisher für Bibliotheken oder zur Lagerung von Rot-Kreuz-Paketen genutzt worden waren, mussten jetzt für die Beherbergung von Gefangenen frei gemacht werden.

262 Bericht des Stadtpfarrers Alois Schiml, in: Pfister P. (Hg.), Das Ende des Zweiten Weltkriegs im Erzbistum München und Freising, Teil II, München 2005, S. 842-848, S. 843; Pfarrer Schiml berichtet auch, dass die Moosburger Bevölkerung versucht hätte, mit Lebensmittelspenden die Situation der Gefangenen zu verbessern, er spricht von zahllosen Zentnern an Nahrungsmitteln. Oberst Burger erwähnt solche Spenden nicht.

263 Weh L., Stalag VII A – Alpdruck und Schicksal der Stadt Moosburg, in: Keller M. (Hg.), Was ist geschehn?, Moosburg 1995, S. 130-152, S. 139; Weh zitiert hier einen nicht näher beschriebenen Bericht Oberst Burgers.

264 Erlebnisbericht Major Kollers vom 01.04-01.05.1945, Stadtarchiv Moosburg, Stalag VII A Berichte Beginn-Ende S.1; Bericht Oberst Burgers, Stadtarchiv Moosburg, Stalag VII A Berichte Beginn-Ende, S. 1.

265 Erlebnisbericht Major Kollers vom 01.04-01.05.1945, Stadtarchiv Moosburg, Stalag VII A Berichte Beginn-Ende S. 3; Bericht Oberst Burgers, Stadtarchiv Moosburg, Stalag VII A Berichte Beginn-Ende, S. 2. Ob beide, Burger als Lagerkommandant, Koller als Kampfkommandant von Moosburg zunächst jeder für sich den Entschluss zur kampflosen Kapitulation fassten oder diesen Plan gemeinsam entwickelten, geht aus den Berichten der beiden Offiziere nicht hervor Pfarrer Schiml schreibt, dass auch Bürgermeister Müller entschlossen war, Moosburg nicht zu verteidigen, Bericht des Stadtpfarrers Alois Schiml, in: Pfister P. (Hg.), Das Ende des Zweiten Weltkriegs im Erzbistum München und Freising, Teil II, München 2005, S. 842-848, S. 843. Koller und Burger nennen sich in Berichten oft gegenseitig und beschreiben die intensive Zusammenarbeit, Bürgermeister Müller wird aber in diesem Zusammenhang nicht erwähnt.

266 „Befehl zum Sperreinsatz" des Kommandeurs des Pionier-Ersatz- und Ausbildungs-Bataillons 7, zitiert nach Brückner J., Kriegsende in Bayern 1945, Freiburg 1987, S. 185.

267 Erlebnisbericht Major Kollers vom 01.04-01.05.1945, Stadtarchiv Moosburg, Stalag VII A Berichte Beginn-Ende, S. 3.

268 Kriegstagebuch des Führungsstabes Süd (B) in: Schramm P.E. (Hg.), Kriegstagebuch des Oberkommandos der Wehrmacht Bd. IV 2. Halbband, Frankfurt 1961, S. 1459. Am 22.04.1945 teilte sich der Wehrmachtsführungsstab in die Gruppen A und B. A war für den Nordraum zuständig, B verlegte aus dem eingeschlossenen Berlin bis zum 23./24.04.1945 nach Berchtesgaden.

269 Bericht Oberst Burgers, Stadtarchiv Moosburg Stalag VII A Berichte Beginn-Ende S. 2. Aus der Darstellung Burgers geht nicht hervor, ob es sich um den Befehl des Wehrmachtsführungsstabs oder des Wehrkreiskommandos VII handelt, aufgrund

270 der zeitlichen Abläufe liegt es nahe, dass das Wehrkreiskommando den zitierten Befehl erlassen hat.

270 Brückner J., Kriegsende in Bayern 1945, Freiburg 1987, S. 211, 278.

271 Bericht Oberst Burgers, Stadtarchiv Moosburg Stalag VII A Berichte Beginn-Ende, S. 1.

272 Bericht Oberst Burgers, Stadtarchiv Moosburg Stalag VII A Berichte Beginn-Ende, S. 2; Brückner J., Kriegsende in Bayern 1945, Freiburg 1987, S. 278.

273 Bericht Oberst Burgers, Stadtarchiv Moosburg Stalag VII A Berichte Beginn-Ende, S. 2.

274 Bericht Oberst Burgers, Stadtarchiv Moosburg Stalag VII A Berichte Beginn-Ende, S. 2; Zu den Details der Freiheitsaktion Bayern und deren Vernetzung zu anderen Widerstandsgruppen und deren Aktionen vgl. Diem V., Die Freiheitsaktion Bayern, Kallmünz 2013.

275 Erlebnisbericht Major Kollers vom 01.04-01.05.1945, Stadtarchiv Moosburg, Stalag VII A Berichte Beginn-Ende S. 3; Bericht Oberst Burgers, Stadtarchiv Moosburg, Stalag VII A Berichte Beginn-Ende, S. 3f.

276 Keller M., Die Rettung der Amperbrücke, in: dies. (Hg.), Was ist geschehn?, Moosburg 1995, S. 68f.

277 Bericht Oberst Burgers, Stadtarchiv Moosburg Stalag VII A Berichte Beginn-Ende, S. 4f.

278 Bericht Oberst Burgers, Stadtarchiv Moosburg Stalag VII A Berichte Beginn-Ende, S. 5. Major Koller teilt zwar mit, dass ihm aus Stalag berichtet wurde, dass eine neutrale Zone Mauern, Volkmannsdorf, Thonstetten mit den Amerikanern vereinbart war, in der keine Kämpfe stattfinden sollten, Erlebnisbericht Major Kollers vom 01.04-01.05.1945, Stadtarchiv Moosburg, Stalag VII A Berichte Beginn-Ende S. 4. Es muss sich jedoch, angesichts der klaren Aussagen des näher an den Verhandlungen beteiligten Oberst Burger um ein Missverständnis Kollers handeln.

279 Bericht Oberst Burgers, Stadtarchiv Moosburg Stalag VII A Berichte Beginn-Ende, S. 5.

280 Bericht Oberst Burgers, Stadtarchiv Moosburg Stalag VII A Berichte Beginn-Ende, S. 5.

281 Zur angespannten Lage in diesen Tagen beim XIII. SS-Korps, die immer wieder zur Rückzügen führte, Brückner J., Kriegsende in Bayern 1945, Freiburg 1987, S. 185,211.

282 Erlebnisbericht Major Kollers vom 01.04-01.05.1945,
Stadtarchiv Moosburg, Stalag VII A Berichte Beginn-
Ende S. 4.

283 Bericht Oberst Burgers, Stadtarchiv Moosburg Stalag VII
A Berichte Beginn-Ende, S. 6; Erlebnisbericht Major
Kollers vom 01.04-01.05.1945, Stadtarchiv Moosburg,
Stalag VII A Berichte Beginn-Ende S. 4; Pfarrer Schiml
berichtet, dass in der Nacht auf den 29.04.
amerikanische Unterhändler in der Stadt gewesen
seien und mit Bürgermeister Müller und Oberst Burger
eine kampflose Übergabe vereinbart hätten, Bericht
des Stadtpfarrers Alois Schiml, in: Pfister P (Hg.), Das
Ende des Zweiten Weltkriegs im Erzbistum München
und Freising, Teil II., München 2005, S. 842-848, S.
843. Dies dürfe falsch sein. Oberst Burger berichtet
nicht von solchen Verhandlungen in Moosburg, ebenso
wenig Major Koller. Es erscheint auch vor
dem Hintergrund der militärischen Lage äußerst
unwahrscheinlich, dass sich die US-Truppen hierauf
eingelassen hätten. Pfarrer Schiml, der offensichtlich
nicht bei den Verhandlungen dabei war, scheint hier die
Abläufe zu verwechseln.

284 Erlebnisbericht Major Kollers vom 01.04-01.05.1945,
Stadtarchiv Moosburg, Stalag VII A Berichte Beginn-
Ende S. 5; Alckens A., Ein Tagebuch (29. April-22. Mai
1945), in: Keller M (Hg.), Was ist geschehn?, Moosburg
1995, S. 87-129, S. 88.

285 Erlebnisbericht Major Kollers vom 01.04-01.05.1945,
Stadtarchiv Moosburg, Stalag VII A Berichte Beginn-
Ende S. 6; Bericht des Stadtpfarrers Alois Schiml,
in: Pfister P (Hg.), Das Ende des Zweiten Weltkriegs im
Erzbistum München und Freising, Teil II., München
2005, S. 842-848, S. 844f.

286 Alckens A., Ein Tagebuch (29. April-22. Mai 1945), in:
Keller M (Hg.), Was ist geschehn?, Moosburg 1995,
S. 87-129, S. 89.

287 Bericht Oberst Burgers, Stadtarchiv Moosburg Stalag VII
A Berichte Beginn-Ende, S. 6f; Alckens A., Ein
Tagebuch (29. April-22. Mai 1945), in: Keller M. (Hg.),
Was ist geschehn?, Moosburg 1995, S. 87-129, S. 88f.

288 Bericht Oberst Burgers, Stadtarchiv Moosburg Stalag VII
A Berichte Beginn-Ende, S. 7.

289 Alckens A., Ein Tagebuch (29. April-22. Mai 1945), in:
Keller M. (Hg.), Was ist geschehn?, Moosburg 1995,
S. 87-129, S. 89f.

290 Erlebnisbericht Major Kollers vom 01.04-01.05.1945,
Stadtarchiv Moosburg, Stalag VII A Berichte Beginn-
Ende, S. 7f.; Alckens A., Ein Tagebuch (29. April-22. Mai
1945), in: Keller M. (Hg.), Was ist geschehn?, Moosburg
1995, S. 87-129, S. 91.

291 Bericht des Stadtpfarrers Alois Schiml, in: Pfister
P. (Hg.), Das Ende des Zweiten Weltkriegs im Erzbistum
München und Freising, Teil II, München 2005, S. 842-
848, S. 845.

292 Bericht des Stadtpfarrers Alois Schiml, in: Pfister
P. (Hg.), Das Ende des Zweiten Weltkriegs im Erzbistum
München und Freising, Teil II, München 2005, S. 842-
848, S. 845f.

293 Bericht des Stadtpfarrers Alois Schiml, in: Pfister
P. (Hg.), Das Ende des Zweiten Weltkriegs im Erzbistum
München und Freising, Teil II, München 2005, S. 842-
848, S. 846ff.; bestätigt wurden die Darstellungen
Schimls durch den Domvikar Frei, der unmittelbar
nach Kriegsende eine Inspektionsreise durch das
Gebiet der Erzdiözese München-Freising durchführte,
Stichpunktartiger Bericht des Domvikars Friedrich Frei,
in: Pfister P. (Hg.), Das Ende des Zweiten Weltkriegs im
Erzbistum München und Freising Teil I, München 2005,
S. 159.

294 Bericht des Stadtpfarrers Alois Schiml, in: Pfister
P. (Hg.), Das Ende des Zweiten Weltkriegs im Erzbistum
München und Freising, Teil II, München 2005, S. 842-
848, S. 846ff.

295 Ziegler A., Ein Werk des Friedens, München 1979,
S. 232.

296 Diem V., Die Freiheitsaktion Bayern, Kallmünz 2013,
S. 33; Henke K, Die amerikanische Besetzung
Deutschlands, München 1995, S. 935ff; Zu den
Ereignissen in den letzten Kriegstagen, vor allem dem
taktischen Vorgehen der US-Streitkräfte vgl. Brückner
J., Kriegsende in Bayern 1945, Freiburg 1987, S. 246f.

I. Quellen:

1. Ungedruckte Quellen

Stadtarchiv Moosburg
06/30
06/31
06/36
06/37
06/39
06/40
06/41
06/42
06/45
06/46
06/47
06/48
06/49
06/52
06/55
06/57
06/58
06/59
06/65
06/66
06/67
06/68
06/69
07/72
Bestand Stalag VII A Berichte Beginn-Ende
Bestand Stalag VII A Kulturelles Leben im Stalag
Stalag VII A Bildchronik Bd. II

Staatsarchiv München
Staatsanwaltschaft Nr. 20988

Bundesarchiv-Militärarchiv
RHD 4, 138/12
RH 49/49
RH 53-7/v. 724

2. Gedruckte Quellen

Akten der Parteikanzlei, zitiert nach Pfahlmann H., Fremdarbeiter und Kriegsgefangene in der deutschen Kriegswirtschaft 1939-1945, Darmstadt 1968, S. 187
Alckens A., Ein Tagebuch (29. April-22. Mai 1945), in: Keller M. (Hg.), Was ist geschehn?, Moosburg 1995, S. 87-129
Bericht des Stadtpfarrers Alois Schiml, in: Pfister P. (Hg.), Das Ende des Zweiten Weltkriegs im Erzbistum München und Freising, Teil II, München 2005, S. 842-848
Boberbach H. (Hg.), Meldungen aus dem Reich, Herrsching 1984
Dtv (Hg.), Die Wehrmachtsberichte, 3 Bände, München 1985
Keller M. (Hg.), Was ist geschehn?, Moosburg 1995
Merkblatt „Verhalten gegenüber Kriegsgefangenen", herausgegeben vom OKW und dem Reichspropagandaministerium im Mai 1943, abgedruckt bei Pfahlmann H., Fremdarbeiter und Kriegsgefangene in der deutschen Kriegswirtschaft 1939-1945, Darmstadt 1968, S. 189
Merkblatt „Verhalten gegenüber Kriegsgefangenen", abgedruckt bei Pfahlmann H., Fremdarbeiter und Kriegsgefangene in der deutschen Kriegswirtschaft, Darmstadt 1968, S. 188
Schramm, P.E. (Hg.), Kriegstagebuch des Oberkommandos der Wehrmacht, Bd IV 2. Halbband, Frankfurt 1961
Sekretariat des Internationalen Militärgerichtshofs (Hg.), Der Prozess gegen die Hauptkriegsverbrecher vor dem Internationalen Militärgerichtshof, Nürnberg 1949, Bd. XXXVIII, S. 419-489
Stichpunktartiger Bericht des Domvikars Friedrich Frei, in: Pfister P. (Hg.), Das Ende des Zweiten Weltkriegs im Erzbistum München und Freising Teil I, München 2005
Weh L., Stalag VII A – Alpdruck und Schicksal der Stadt Moosburg in: Keller M. (Hg.), Was ist geschehn?, Moosburg 1995, S. 130-152
Ziegler A., Ein Werk des Friedens, München 1979

II. Sekundärliteratur

Albrecht D./Gelberg K. (Hgg.), Das Neue Bayern – Handbuch der Bayerischen Geschichte begründet von Max Spindler, Bd. IV 1. Teilband, München 2003, S. 635ff.
Bedürftig F., Drittes Reich und Zweiter Weltkrieg, München 2004, „Polenfeldzug"
Brückner J., Kriegsende in Bayern 1945, Freiburg 1987
Bullock A., Hitler, Düsseldorf 1961
Bullock A., Hitler und Stalin – Parallele Leben, München 1998
Churchill S., Der Zweite Weltkrieg, Bern 1985
Diem V., Die Freiheitsaktion Bayern, Kallmünz 2013
Fest J., Der Untergang, Hamburg 2003
Henke K., Die amerikanische Besetzung Deutschlands, München 1995
Keller R., Das deutsch-russische Forschungsprojekt „Sowjetische Kriegsgefangene" in: Bischof G./Karner S./Stelzl-Marx B. (Hgg.), Kriegsgefangene des Zweiten Weltkriegs, Wien 2005, S. 460-475
Keller R., Sowjetische Kriegsgefangene im Deutschen Reich 1941/42, Göttingen 2011
Mattiello G., Prisoners of War in Germany 1939-1945, Lodi 2003.
Mojonny G., The labor of prisoners of war in Modern Times, Locarno 1955
Mommsen H., In deutscher Hand – Der Arbeitseinsatz sowjetischer Kriegsgefangener 1941-1943 in: Haus der Geschichte der Bundesrepublik Deutschland (Hg.), Kriegsgefangene, Düsseldorf 1995, S. 141-147
Nowak E., Polnische Kriegsgefangene im Dritten Reich, in: Bischof G./Karner S./Stelzl-Marx B. (Hgg.), Kriegsgefangene des Zweiten Weltkriegs, Wien 2005, S. 507-517
Otto R., Wehrmacht, Gestapo und sowjetische Gefangene im deutschen Reichsgebiet 1941/42, München 1998
Pfahlmann H., Fremdarbeiter und Kriegsgefangene in der deutschen Kriegswirtschaft 1939-1945, Darmstadt 1968
Speckner H., In der Gewalt des Feindes, Wien 2003
Spoerer M., Zwangsarbeit unter dem Hakenkreuz, München 2001
Streim A., Sowjetische Gefangene in Hitlers Vernichtungskrieg, Heidelberg 1982
Streit C., Keine Kameraden, Bonn 2001
Ziegler W., Bayern im Übergang. Vom Kriegsende zur Besatzung 1945, in: Pfister P. (Hg.), Das Ende des Zweiten Weltkriegs im Erzbistum München und Freising Teil I, München 2005, S. 33-104